Ilse Cauneau

Hören · Brummen · Sprechen

Angewandte Phonetik
im Unterricht Deutsch als Fremdsprache

Handbuch

Klett Edition Deutsch

Komponenten des Phonetikprogramms:
Handbuch ISBN 3-12-675352-3
Begleitheft mit den Dialogen ISBN 3-12-675351-5
Cassette ISBN 3-12-675353-1

Redaktionelle Bearbeitung:
Monika Bovermann

1. Auflage 1 ⁵ ⁴ ³ ² ¹ | 1996 95 94 93 92

© Verlag Klett Edition Deutsch GmbH, München 1992
Umschlag: Verena v.Haxthausen, unter Verwendung des Bildes
„Sakral", Druckgrafik aus dem Stockhausen-Zyklus, 1977,
von Werner Schubert-Deister
Gesamtherstellung: Ludwig Auer GmbH, Donauwörth
Alle Rechte vorbehalten · Printed in Germany

ISBN 3-12-**675352**-3

Inhalt

Einleitung

Im Fremdsprachenunterricht werden die Schwerpunkte jeweils nach vorherrschender Theorie gesetzt: Steht z.B. die Grammatik im Vordergrund, so hat das zur Zeit am meisten diskutierte Grammatikmodell Einfluß auf die Konzeption von Lehrmaterialien, ist kommunikatives Handeln gefragt, greift man auf die Erkenntnisse aus der Sprechakttheorie zurück und legt diese dem Sprachunterricht und den Lehrbüchern vorwiegend zugrunde. Auf diese Weise findet man die verschiedenen Strömungen von Linguistik und Lernpsychologie in der Geschichte der Sprachlehrmethoden wieder.

Wenn Viëtor[1] 1882 zum ersten Mal in seiner Streitschrift schreibt „Der Sprachunterricht muß umkehren", so denkt er dabei an ein Weg vom reinen Grammatik-Übersetzungs-Unterricht, der sich in Anlehnung an den lateinischen Grammatikunterricht von Anfang des 19. Jahrhunderts an auch im neusprachlichen Unterricht durchgesetzt hatte (im Gegensatz zum utilitaristischen Sprachunterricht des 17. und 18. Jahrhunderts). Er fordert eine Besinnung auf einen Sprachunterricht, in dem man nicht nur lernt, wie eine Sprache funktioniert, sondern auch wie man sie spricht. Wie ist diese Forderung eingelöst worden bzw. wie wird sie in unserem heutigen Fremdsprachenunterricht eingelöst?

Im Zusammenhang mit der technischen Entwicklung von Tonträgern, wie Schallplatten und Tonbändern, entstand eine Reihe von audio-lingualen Unterrichtsmethoden für den Sprachunterricht. Man erhoffte sich vom Hören der Texte, die von Muttersprachlern gesprochen waren, auch automatisch richtiges Sprechen. Daß dem Hören sogenannter authentischer Texte – auch wenn diese vorgefertigte Lehrbuchdialoge waren – eine wichtigere Rolle eingeräumt wurde, war sicher ein großer Fortschritt.

Unberücksichtigt dabei blieb jedoch, daß das Hören allein nicht genügt, sondern daß gerade erwachsene Lerner auf „Hörhilfen" durch den Unterrichtenden angewiesen sind.

Der Strukturalismus in der Linguistik – zurückzuführen auf Saussures *Cours de linguistique générale* und die drei großen europäischen strukturalistischen Schulen[2] – und seine Rezeption in den USA durch Bloomfield führte in Verbindung mit der behavioristischen Lerntheorie zu Sprachlehrmethoden, die zwar das Primat des Mündlichen, Authentizität der Sprachvorbilder und situativen Unterricht forderten, ihren Unterricht aber vor allem auf Reproduktion von Patterns, vorgegebenen Dialogen und Restitutionsübungen aufbauten. Auch hier sollte korrekte Aussprache eher ein Abfallprodukt sein, sozusagen durch Nachsprechen von alleine kommen und war nicht bewußt in den Unterricht eingebaut. Es war nicht vorgesehen, daß Lehrer* und Lerner* sich mit fehlerhafter Aussprache auseinandersetzten und Gründe dafür suchten bzw. eine Verbesserung anstrebten.

Eine Ausnahme machte hier die struktuor-globale audio-visuelle Methode, die unter der Leitung von Petar Guberina und seinen Mitarbeitern Ende der 50er und Anfang der 60er Jahre in Zagreb und am Credif[3] in St.Cloud entwickelt wurde.[4] In dieser audio-visuellen Lehrmethode, die bei der Erstellung von Lehrmaterialien für Französisch (*Voix et images de France*) und dann noch für viele weitere Sprachen als Grundlage diente, war die phonetische Korrektur Bestandteil des Unterrichts. Die Aussprache wurde in einer besonderen Phase des Unterrichts geübt, und auch bei der Lehrerausbildung spielte die Phonetik der zu unterrichtenden Sprache eine wesentliche Rolle. Während seiner Forschungen im Bereich des Unterrichts Französisch als Fremdsprache und in der Phonetik entwickelte Petar Guberina auch ein Gerät, mit dem Erwachsenen das Einhören in eine fremde Sprache erleichtert werden kann, den SUVAG[5]lingua. Durch das Herausfiltern von ausgewählten Frequenzbändern (z.B. nur tiefe Frequenzen[6] von 0 – 320 Hz) können bestimmte Elemente der Sprache besser zu Gehör gebracht werden. Die genaue Funktion eines solchen Geräts wird in Kapitel 2 noch näher erklärt.

Aus welchen Gründen auch immer fand diese audio-visuelle Methode in der Bundesrepublik keine große Verbreitung. Ihre Prinzipien wurden verschiedentlich beschrieben, z.B. von Ludger Schiffler in *Einführung in den audio-visuellen Fremdsprachenunterricht*[7] und von Wolfgang Strack in *Fremdsprachen audio-visuell*[8]. Kritikpunkte, wie behavioristisch oder zu starres Vorgehen durch die Einteilung in verschiedene, streng voneinander getrennte Phasen, sind vor allem in den Anfängen dieser Methode zu suchen und entsprachen dem Zeitgeist. Verfolgt man jedoch die Entwicklung von Lehrwerken, die in der Tradition der Credif – Lehrwerke entstanden sind, wie *All's well* für Englisch, *In Deutschland unterwegs, 1. Teil, In Bonn* für Deutsch oder *Archipel* für Französisch, so muß man den Autoren und denen, die in verschiedenen Ländern immer weiter an Verbesserungen dieser Methode und Materialien arbeiten, eine Dynamik zusprechen, wie sie nicht oft auf diesem Gebiet zu finden ist. Diese Dynamik entsteht dadurch, daß Praktiker und Theoretiker in ständigem Austausch stehen und so Entwicklungen stattfinden, die aufeinander aufbauen und sich ergänzen: Ergebnisse aus den Forschungen der Lernpsychologie, der pragmatischen Linguistik und der Didaktik fließen in die Konzeption von neuen Lehrwerken ein, und umgekehrt werden Erfahrungen aus dem Unterrichtsalltag bei den Forschungsarbeiten sehr stark berücksichtigt.

In der Bundesrepublik hat die Ausweitung des Deutsch-als-Fremdsprache-Unterrichts über die Arbeit der Goethe-Institute hinaus erst vor ca. 25 Jahren begonnen, aber um so intensiver. Es ist festzustellen, daß es im Auf und Ab der Deutschlehrmethoden immer wieder wechselnde Schwerpunkte gab, wie z.B. vorrangig Schulung der kommunikativen Kompetenz, des Hör- oder Leseverständnisses oder

---

* = Lehrer/Lehrerin, Lerner/Lernerin
Nach langer Überlegung habe ich beschlossen, diese Form nicht durchgängig zu benutzen, da längere Texte dadurch sehr schwerfällig werden.

6

verstärkten Grammatikunterricht. Auch die Ausspracheschulung blieb nicht davon verschont. Was in den 60er Jahren und mit fortschreitender Begeisterung für das Sprachlabor, für audio-linguale und audio-visuelle Methoden angestrebt wurde, d.h. eine möglichst korrekte Aussprache, wurde mit der Verbreitung des kommunikativen Unterrichts als „Papageien-Methode" abgetan. Sicher wirkte die Art und Weise, wie in manchen Lehrwerken die Aussprache geübt wurde, eher abschreckend auf manche Kursteilnehmer, wenn z. B. von erwachsenen Lernern verlangt wurde, ganze Sätze stur nachzusprechen, ohne diese verstanden zu haben. Dies war sicher auch eine der Kinderkrankheiten der audio-visuellen Methode und wurde ihr zum Vorwurf gemacht. Wie oben erwähnt hat sich aber auch da eine Entwicklung vollzogen, und die Aussprache wird nicht als Teillernziel sondern als integrativer Bestandteil des Fremdsprachenunterrichts, gesehen wie in audio-visuellen Lehrmaterialien für Englisch und Deutsch, die in der Nachfolge der ersten Generation der audio-visuellen Methode entwickelt worden sind.[9] In Lehrerhandreichungen zu DaF-Lehrwerken[10] und wohl auch bei Lehrerfortbildungsveranstaltungen in Deutschland wurde die Aussprache bzw. die Korrektur der Aussprache lange Zeit eher stiefkindlich behandelt, was viele Praktiker als Manko empfinden. Es finden sich zwar Hinweise auf die Aussprache des Deutschen und auch einige methodische Tips, es fehlt jedoch oft an ganz konkreten Vorschlägen für die Ausspracheschulung und für die Integration in den Unterrichtsablauf. In Wirklichkeit bleibt es dem Lehrer nicht erspart, sich tiefgehender in das deutsche Lautsystem einzuarbeiten und sich ein gewisses „Handwerkszeug" – was korrigiere ich wann und wie – anzueignen, damit die Ausspracheschulung für Lerner und Lehrer nicht zu einem qualvollen Muß wird, sondern Spaß macht. Wenn die folgenden Ausführungen einige Anregungen geben, wie das Problem der Ausspracheschulung sinnvoll im Unterricht mit Erwachsenen angegangen werden kann, ohne zu einem Kraftakt für Lehrer und Lerner zu werden und wenn sie darüber hinaus auch ein wenig Spaß vermitteln, dann hat **Hören – Brummen – Sprechen** seine Aufgabe erfüllt.

1.
Bedeutung von Aussprache und Ausspracheschulung

1.1. Was ist Aussprache?

Richard Göbel schreibt in seinem Aufsatz *Probleme und Möglichkeiten der Aus-sprachearbeit im Unterricht:* „Die Fertigkeit, etwas richtig auszusprechen, wird meist im Zusammenhang mit lautem Lesen gesehen oder mit der Nutzung des Wörterbuchs für die Ergänzung des gesprochenen Vokabulars: man nimmt graphische Zeichen auf und übersetzt sie in akustische. «Wie wird das ausgesprochen?», diese Frage wird sich in der Regel auf die mündliche Wiedergabe einer schriftlichen Vorlage beziehen."[11]

Dies gilt vor allem, wenn der Sprachunterricht – wie leider ja so oft – nur auf schriftlichen Vorlagen beruht. Weiter unten schreibt er: „Andrerseits ist ....die Sprache in ihrer akustischen Gestalt das erste und späterhin das Basissystem. So ist die plausiblere Frage im Sprachunterricht die nach der graphischen Wiedergabe von Lauten: «Wie wird das geschrieben?»"[12] Im Anschluß an diese Frage kommt oft erst die Erkenntnis, wie wenig das Schriftbild eigentlich für die Aussprache nützlich ist, denn ähnliche Laute werden in verschiedenen Sprachen mit ganz unterschiedlichen Buchstabenkombinationen wiedergegeben – denken wir nur an den Vokal [o], der im Französischen „au" oder „eau" oder „o" oder „ot" geschrieben werden kann. Im Deutschen kommt hinzu, daß es zwei verschiedene Varianten von /o/ gibt, ein geschlossenes, langes [o:] und ein kurzes, offenes [ɔ]. Es erweist sich daher als notwendig, erst das Hören und Sprechen zu trainieren; wie die Laute in der Schrift umgesetzt werden, sollte erst in einem zweiten Schritt kommen. Angesichts der Schwierigkeiten bei der Gegenüberstellung von Orthographie und Aussprache möchte ich mich im weiteren auf die Sprache als Ausdrucksmöglichkeit der mündlichen Kommunikation beschränken. Das Thema ist somit Aussprache und Ausspracheschulung.

1.1.1. Phonetik und Phonologie

In der Wissenschaft, die sich mit gesprochener Sprache befaßt, wird unterschieden zwischen Phonetik und Phonologie.

Die **Phonetik** untersucht die akustischen Phänomene einer Sprache mit physikalisch meßbaren Begriffen wie Frequenzen, Intensität, Dauer; die kleinste meßbare Einheit ist ein **Phon**. Die **Phonologie** beschäftigt sich mit den bedeutungsunterscheidenden Lauten und Lautverbindungen; die kleinste Einheit ist ein **Phonem**.

Grundkenntnisse in beiden Bereichen – sowohl der Phonetik als auch der Phonologie – sollten Lehrer erwerben, die sich mit Ausspracheschulung näher beschäftigen und diese im Unterricht einsetzen wollen. Forschungsergebnisse der Phonetik, wie z.B. Messungen aus der Audiometrie bilden die Ausgangsbasis für die Arbeit auf der phonologischen (bedeutungsunterscheidenden) Ebene.

Beispiel: In der Audiometrie werden die Frequenzen und die Intensität eines [i:] und eines [ɪ] gemessen, die phonologischen Untersuchungen ergeben den Bedeutungsunterschied des Phonems /i/ in Wörtern wie *Miete* und *Mitte*.

In Bezug auf den Sprachunterricht ist meist vereinfachend nur von Phonetik und phonetischer Korrektur die Rede, wobei die Phonologie miteinbezogen ist. Ich werde von Ausspracheschulung und Korrekturtechniken sprechen, weil dies den Zielen näher kommt, die ich verfolge, d.h. Phonetik nicht als ein gesondertes Fach innerhalb des Deutsch-als-Fremdsprache-Unterrichts zu sehen und die Aussprache nicht losgelöst von Bedeutungen und Kontext. Die Chance, daß sich richtige Aussprachemuster einprägen, ist größer, wenn sie in Verbindung mit Inhalten gehört und geübt werden und wenn auch im Kontext korrigiert wird.

1.1.2. Aussprache als globale Tätigkeit

Aussprache soll als Teil eines Ganzen, was wir Sprache nennen, betrachtet werden. Mit der Aussprache geben wir einem Gedanken die lautliche Gestalt. Es handelt sich nicht nur um eine Aneinanderreihung von Lauten, die dadurch entsteht, daß die Sprechwerkzeuge in einer bestimmten Stellung zueinander stehen (Artikulation) und bestimmte Muskeln mehr oder weniger Luft durch Mund oder/und Nase entweichen lassen. Aussprache bestimmt vielmehr durch Intonation und Rhythmus, der durch die Akzentgebung entsteht, den Sinn, den ein Sprecher seiner Aussage geben will; durch unterschiedliche Form der Aussprache – Variation in der Akzentgebung und in der Intonation – kann die Aussage verändert werden.

Im Deutschen werden die Wörter, die Silben, die die Informationsträger innerhalb eines Satzes sind, betont. Je nach Wichtigkeit können so unterschiedliche Wörter betont werden; dadurch wird der Informationsgehalt der Aussage verändert.

Beispiel:

Herr Müller arbeitet in der neuen Firma als Ingenieur.

Wird *Müller* betont, bedeutet dies, daß nicht Herr X, sondern eben Herr Müller da arbeitet. Wenn aber der Akzent auf dem Wort *Ingenieur* liegt, so wollen wir damit sagen, daß er als Ingenieur und nicht etwa als Kaufmann da arbeitet. Man kann sich auch vorstellen, daß *neu* betont wird, was bedeuten würde, daß er nicht an seiner früheren Arbeitsstelle ist, sondern in der neuen Firma arbeitet.

Die Akzentgebung ist also nicht regelmäßig wie z. B. im Französischen, wo jeweils das Ende einer Aussage betont wird, oder im Spanischen, wo es strenge Regeln für die Akzentsetzung gibt, sondern sie kann vom Sprecher verändert werden, je nach der Bedeutung, die er einer Aussage geben will.

10

Unterschiedliche Akzentgebung und Tongebung (Intonation) verändern nicht nur den Informationsgehalt, sondern auch den emotionalen Charakter einer Aussage und somit die Sprechintention.

Ein *Nein* kann seine Bedeutung variieren, je nach Art der Aussprache: vom liebevollen *Nein* (bitte nicht) über ein zögerndes *Nein* (ich glaube nicht) bis zum drohenden *Nein* (auf keinen Fall!). Genauso kann ein *wenn... dann*-Satz eine Drohung bedeuten, aber durch Änderung von Stimmlage, Akzentgebung, Mimik und Gestik wie ein Scherz verstanden werden.

Ein Satz wie *Ich werde zurückkommen.* kann Trost spenden, ein Versprechen ausdrücken, als Drohung verstanden werden oder als einfache Feststellung zur Klärung einer Situation beitragen, je nach Tongebung des Sprechers.

Die Veränderung des Sprechtempos in Verbindung mit der Akzentsetzung kann bewirken, daß ein Element der Aussage besonders stark hervorgehoben wird.

Beispiel:

Könntest Du mir das Salz geben?

Diese Frage wird in der Regel auf *Salz* betont und bedeutet eine höfliche Bitte. Betont ein Sprecher jedoch auch *könntest* und verlangsamt dabei das Sprechtempo, so hört sich das wie ein ungeduldiger Befehl an.

Üben Sie doch auch mal selbst, und sprechen Sie folgende Sätze mit verschiedener Tongebung

neutral – scherzhaft – betroffen – ironisch – als Warnung:

Rufen Sie mich am Freitagnachmittag an!

In der Südstadt sind drei Kastanienbäume gefällt worden.

Die Reise des Bundeskanzlers war sehr erfolgreich.

Sie bemerken selbst, was in so einfachen und ganz belanglosen Sätzen stecken kann.

Da Intonation und Rhythmus die Bedeutung einer Aussage bestimmen, sollen sie auch im Zentrum der Ausspracheschulung und der phonetischen Korrektur stehen. Als Muttersprachler gehen wir meistens unbewußt damit um. Man könnte nun einwenden: Wie sollen Sprachlerner da je durchblicken! Antwort: Sie müssen ja nicht von Anfang an alle Nuancen lernen und sprechen, aber wichtig ist, daß sie sie erkennen und daß ihnen bewußt wird, wie emotional gefärbte Sprache klingt. Erfahrungsgemäß werden Lerner beim Lernen der neuen Sprache auch zusätzlich motiviert, wenn sie von Anfang an die affektiven Aspekte der Sprache erfahren und ihre Gefühle ausdrücken können. Ehrlich gesagt, hatten Sie nie Lust, in einer Fremdsprache schimpfen zu lernen? Für das Erfassen und Wiedergeben von Intonation und Rhythmus sind Äußerungen, die Emotionen wie Erstaunen, Müdigkeit, Ärger oder Freude usw. ausdrücken, sogar eine große Hilfe.

Beispiele:

aus Dialog 4 auf der Kassette:

Freund: Ich sehe, du arbeitest. (ironische Feststellung)

Maltus: Jawohl, ich arbeite. (leicht irritierte Antwort)

Freund: Das ist ja was ganz Neues. (Erstaunen)

Die Lerner erkennen sofort die Zweifel, die der Freund an der Arbeitsauffassung von Maltus hegt.

oder aus *In Deutschalnd unterwegs*[13] Lektion 2

Jutta: So ein Quatsch!

Thomas: Wieso? Der Film ist doch spannend!

Jutta: Spannend? Der Film ist langweilig!

In diesem kleinen Wortwechsel deuten sich Spannungen zwischen den beiden Freunden an, die von den Lernern sofort verstanden werden.

oder aus *Sprachbrücke 1,* Lektion 11, Dialog A 1[14]

BB: Susanne, sieh mal! Alli und ich bekommen das Stipendium.
    Hier ist die Zusage aus Deutschland.

SB: Das ist ja prima! Herzlichen Glückwunsch!

Die Lernergruppe setzte sich aus anglophonen Muttersprachlern zusammen, die in der Regel große Probleme bei der Aussprache von ü haben. Sie konnten sich an dieser Stelle so in die Freude von *SB* hineinversetzen und legten soviel Begeisterung in die Betonung, daß sie kaum mehr Probleme bei der Aussprache des Wortes *Glückwunsch* hatten.

Solche Beispiele finden sich in vielen Unterrichtssituationen. Auch auf die Fähigkeit, Sprachmuster zu memorisieren, wirkt sich die Verbindung von sprachlicher Form und Emotion positiv aus.

Sprechen ist aber nicht nur Tongebung und Artikulation, sondern Ausdruck des ganzen Körpers. Dabei sind nicht nur die Sprechwerkzeuge wie Zähne, Lippen, Gaumensegel etc. beteiligt, sondern auch die Muskeln, die den Atemstrom regulieren, die Hände, Arme und Beine, die den Rhythmus begleiten und auch die Augen, die beim Sprechen den Gesprächspartner beobachten, seine Stimmungen erfassen, was wiederum Auswirkungen auf die eigene Sprache hat.

Das Einbeziehen des ganzen Menschen beim Sprachenlernen und somit auch beim Üben der Aussprache ist ein Ziel, das wir als Unterrichtende nie aus den Augen verlieren dürfen.

Dies bedeutet in der Praxis nicht nur einüben „über den Kopf", über Ohren, Mund und Nase, sondern das Einbeziehen des ganzen Körpers, der Gestik, Mimik und Körpersprache bis hin zum Erfühlen des Raums durch Aufstehen und Umhergehen.

Sprechen bedingt aber auch – von der neurophysiologischen Seite betrachtet – die Zusammenarbeit der linken und rechten Gehirnhälfte. Die Sprachzentren sind bei 90–95% der Menschen in der linken Gehirnhälfte angesiedelt, aber Sprache wird auch in der rechten Gehirnhälfte verarbeitet, nur auf andere Art und Weise. „Die rechte Hemisphäre kann Aufgaben lösen, die eine semantische Analyse auditiv oder visuell dargebotener sprachlicher Informationen erfordern."[15] Während die linke Hemisphäre analytisch vorgeht, geht die rechte eher global vor. „Die rechte Hemisphäre vermag auch, syntaktische Strukturen und grammatikalische Kategorien zu verwenden. Allerdings gelingt der rechten Hemisphäre die Unterscheidung syntaktischer Formen weniger gut – jeweils im Vergleich zur linken Hemisphäre – als die Identifikation und Zuordnung lexikalischer Einheiten."[16]

Auf der phonologischen Ebene „hat die rechte Hemisphäre mehr als die linke Schwierigkeiten bei Aufgaben, zu deren Lösung eine phonologische Segmentierung notwendig ist, z.B. wenn einem vorgesprochenen Nonsens-Wort die korrekte Buchstabenfolge zugeordnet werden soll..."[17] oder „wenn es darum geht, aus einem allgemeinen Stimmengewirr einzelne Wörter herauszuhören."[18]

Die rechte Gehirnhälfte verarbeitet und gestaltet Bilder, Musik, Intonation, Emotionen. Beim Sprechen und Hören werden die entsprechenden Felder in beiden Gehirnhälften angesprochen und aktiviert. Folgende Tabelle zeigt in einer linearen Darstellung die Arbeitsweisen der beiden Gehirnhälften.[19] Sie soll vor allem deutlich machen, daß wir bei allen unterrichtlichen Tätigkeiten beide Gehirnhälften berücksichtigen und benützen sollten.

linke Gehirnhälfte	rechte Gehirnhälfte
– entschlüsselt Charakteristika, Details, Komponenten, Kategorien	– nimmt auf, setzt zusammen zu einem Ganzen
– analysiert	– macht eine Synthese, stellt Zusammenhänge her
– verarbeitet in Sequenzen, hintereinander	– verarbeitet gleichzeitig
– teilt die Zeit in lineare Abschnitte ein	– nimmt räumliche Verbindungen wahr
– verschlüsselt/entschlüsselt Sprachen: sprachliche, mathematische, musikalische Abfolgen	– verschlüsselt/entschlüsselt Analogien, Bilder, Melodien, Metaphern...
– erkennt/produziert einzelne Laute, Silben, Noten, Akzente	– bringt Intonation und Rhythmus in der Prosodie zusammen
– erkennt die Bedeutung: A, a	– erkennt die Form: A, a

Das Schema stellt Grundlagen aus Forschungen der Neurobiologie und Neuropsychologie im Überblick dar und erhebt keineswegs Anspruch auf Vollständigkeit. Man kann jedoch sehr gut daraus ersehen, daß non-verbale Aspekte wie die Prosodie, das Zusammenspiel von Intonation und Rhythmus, von der rechten Gehirnhälfte verarbeitet werden und zur Entschlüsselung sprachlicher Mitteilungen beitragen. Das Zusammenwirken der beiden Gehirnhälften bewirkt, daß wir Sprache verstehen und daß wir sprechen können. Dabei hat die Prosodie eine ähnliche Funktion wie ein Rahmen, der ein Bild zusammenhält. Sprechen Ausländer grammatikalisch und lexikalisch korrektes Deutsch, ohne auf die Konventionen der deutschen Prosodie zu achten (also mit Übernahme der Prosodie ihrer Muttersprache), so fällt die Aussage oft auseinander, und der Zuhörer hat Schwierigkeiten mit dem Verstehen.

Auf das Hören und letztendlich auch auf die Aussprache bezogen hat diese Zusammenarbeit der beiden Gehirnhälften nach J.Sergent auch folgende Auswirkungen: ... „im Wechselspiel verarbeitet die linke Gehirnhälfte eher hohe Frequenzen, von längerer Dauer, die rechte eher tiefe Frequenzen von kürzerer Dauer."[20]

Und da tiefe Frequenzen Intonation und Rhythmus bestimmen, brauchen wir die Mitarbeit der rechten Gehirnhälfte beim Hören und Sprechen.

1.1.3. Aussprache als physiologische Tätigkeit

Natürlich gehört zur Aussprache auch die Artikulation, das Aussprechen von Lauten, die für Sprachlerner sehr oft unterschiedlich zu denen der Muttersprache sind, und das Spiel der Muskeln, die Spannung und Entspannung entstehen lassen. Es ist zwar müßig, im Einzelnen auf die Tätigkeit und die genauen Stellungen der Artikulationsorgane einzugehen, (z. B. wo das Zäpfchen sich bei der Aussprache eines bestimmten Konsonanten befindet), Hinweise auf Muskelspannungen und -entspannungen, können jedoch durchaus eine Hilfe sein. Ein langer Vokal oder ein Explosivlaut sind zum Beispiel immer gespannt: Die Muskeln im Mundraum halten die Zunge eine Zeitlang angespannt. Bei kurzen, offenen Vokalen bleiben im Gegensatz dazu die Muskeln locker. Diesen Vorgang kann man sehr gut auch mit den Händen erfühlen und mit dementsprechender Gestik unterstreichen: Arme in die Breite oder Länge dehnen, um die Spannung anzuzeigen, Arme fallen lassen oder selbst in die Knie gehen, um Entspannung anzuzeigen. So kann die Aussprache von bedeutungsunterscheidenden Vokalen wie in *Mitte – Miete*, *Kahn – kann* usw. auch visuell unterstützt werden.

Auch richtiges Atmen spielt beim Sprechen eine große Rolle. Zunächst müssen die Lerner erkennen, wie sie den Luftstrom in der neuen Sprache einsetzen müssen, wann sie Pausen machen können und wo sie besonders viel Druck brauchen. Akzentuierte Silben fordern im Deutschen bedeutend mehr Luftdruck als die zwischen den Akzenten liegenden oder am Satzende abfallenden Silben.

Regelmäßig und gezielt in den Unterrichtsablauf eingeplante Atemübungen können sehr viel dazu beitragen, daß die Lerner beim Sprechen den Luftstrom richtig einsetzen und dadurch eine bessere Aussprache erzielen. Vor den Atemübungen sollte der Raum gut gelüftet werden, damit Luft holen auch möglich wird.

1.2. Warum ist die Aussprache so wichtig?

Aus eigener Erfahrung – entweder im Unterricht oder bei Aufenthalten im Ausland – kann wohl jeder Sprachlehrer die folgende These unterstützen: Eine falsche Aussprache führt viel öfter zu Mißverständnissen bei der Kommunikation zwischen Sprachlernern und Muttersprachlern als ein Grammatikfehler und auch in viel gravierenderer Weise. Das soll und kann nicht heißen, daß erwachsene Fremdsprachenlerner, hier: Deutschlerner, akzentfrei sprechen sollen, was in den seltensten Fällen möglich ist und deshalb auch nicht als Ziel gelten kann (warum wird später noch ausgeführt). Dies bedeutet auch nicht, daß Grammatik vernachlässigt werden soll, sondern die Konsequenz daraus muß sein, daß Sprache als Ganzes gelernt und nicht in Teilfertigkeiten zerlegt wird. Die Rolle der Ausspracheschulung liegt darin, Intonation und Rhythmus, Satz- und Wortakzente soweit zu üben, daß ein Muttersprachler die Aussage eines Deutschlerners verstehen kann, auch wenn einige Einzellaute nicht korrekt ausgesprochen sind und wenn die Aussage grammatikalische Fehler enthält.

Mit einigen Beispielen von Mißverständnissen, die auf Aussprachefehlern beruhen, möchte ich die oben angeführte These unterstützen. Sicher fallen Ihnen beim Lesen gleich andere Beispiele aus Ihrer eigenen Praxis dazu ein.

Beispiel 1:

Eine Französin, die im Deutschkurs auf einer Mittelstufe lernt, stellt plötzlich im Unterricht eine Frage, die sie sehr zu bewegen scheint: „Gibt es denn das Wort 'Verabredung' im Deutschen nicht?" Die Lehrerin bestätigt, daß es das Wort gibt und fragt nach dem Grund dieser Frage. Darauf bekommt sie folgende Erklärung von der Teilnehmerin:

„Ich war gestern mit Deutschen zusammen, und sie haben mich nicht verstanden. Ich habe gefragt: „...... machen wir für morgen eine Verabredung?" (gesprochen: [fɐrabred'ung]?)

Daraufhin bittet die Lehrerin die Teilnehmerin, das Wort zu wiederholen. Erst jetzt wird der Lehrerin der Grund für das Nicht-Verstehen klar, und sie kann es klären. Es beruhte hier nicht etwa auf mangelnder Sprachkenntnis, denn die Französin hatte das Wort in der richtigen Bedeutung gelernt und benutzt, sondern auf der französischen Aussprache:

– Akzent auf „ung" wie in einem französischen Wort am Wortende
– Aussprache eines konsonantischen „r" anstatt des vokalisierten „r" in der Vorsilbe
  und Bindung
– [b] zu weich gesprochen anstatt Auslautverhärtung [p]
– [e] statt [ɛ]
– weicher Vokaleinsatz anstatt Knacklaut bei ['apr..], also [fɐrabred'ung] anstatt [fɛɐ'apre:dʊŋ].

Wenn man hinzurechnet, daß sicher auch noch andere Wörter im Satz den Akzent auf der falschen Silbe hatten, sogar der ganze Satz am Ende betont war, so ist dieses Mißverständnis erklärbar. Leider gewöhnen wir uns als Lehrer leicht an die fehlerhafte Aussprache unserer Lerner und vergessen dabei, welche Konsequenzen das Übergehen von „kleinen Aussprachefehlern" im Unterricht für die Lerner im Alltag im Gespräch mit Muttersprachlern haben kann.

Beispiel 2:
Aus dem Unterricht in einer internationalen Sprachlerngruppe:
Amerikaner: „Ich [kɑin] gehen." Betonung: __ ´— __ __
(Er gibt nicht an, wohin er möchte, weil er „kann" als Modalverb der Fähigkeit interpretiert.)
Chinesin korrigiert: „Hier fehlt etwas. – Hast du kein Geld?" Beide sehen sich verständnislos an, und die Lehrerin muß eine Klärung der Situation herbeiführen:
Lehrerin: „Jim, wiederholen Sie bitte?"
Amerikaner (zögernd): Ich [kɑin] ...... gehen." (unterstützt durch Gestik: er läßt die Finger auf dem Tisch gehen, um die Bewegung anzuzeigen)
Lehrerin: „Ach so, Sie können gehen, nach Hause gehen oder ins Kino gehen?"
Amerikaner (sichtlich erleichtert): „Ja."
Chinesin: „Ach so, aber..." Sie korrigiert daraufhin den semantischen Fehler: „Du mußt sagen, ich kann nach Hause gehen."
Bei diesem Mißverständnis handelt es sich um einen Aussprachefehler, der als Grammatikfehler wahrgenommen wird. Der Amerikaner spricht das [a] zu lang, so daß es sich fast wie ein Diphtong anhört, die Chinesin hört „kein" [kaen] und schließt auf einen Grammatikfehler, d.h. sie glaubt, daß hier ein Verb fehlt und interpretiert in der Folge „gehen" als „Geld". Dies hat sicherlich auch damit zu tun, daß letztere sehr grammatikorientiert lernt. Andrerseits hält sich der amerikanische Sprecher nicht an das deutsche Intonationsmuster für diesen Satz: „Ich kann gehen __ __ ´—." Auch das kann ein Grund dafür sein, daß er [a] so lang gesprochen hat. Hätte er den Akzent auf [´ge:n] gelegt, wäre für [a] nicht so viel Zeit gewesen, da es sich im unbetonten Vorlauf befindet.

Wie kann man als Unterrichtende in diesem Fall weiterhelfen?
Einerseits muß man das Mißverständnis grammatikalisch und semantisch klären, andrerseits muß man selbst die Ursache des Mißverständnisses hören und analysieren, um darauf eingehen zu können. Eine Korrektur, die nicht nur falsch und richtig gegenüberstellt, sondern auch die Ursache eines Fehlers berücksichtigt, ist zufriedenstellender für beide Seiten. Wichtig ist dabei auch, Beispiele parat zu haben, mit denen im Unterricht vorkommende Aussprachefehler aufgegriffen und korrigiert werden können. Hier ist die Gegenüberstellung der beiden Wörter „kann" und „kein" sehr wichtig, aber nur in kleinen, auf den Unterricht und die Teilnehmer bezogenen Sätzen. Es ist auch äußerst wichtig, an dieser Stelle sofort zu üben und nicht abzuwarten, bis im Phonetikprogramm lange und kurze Vokale in der Gegenüberstellung geübt werden. Die Verwechslung ist direkt aus dem von den Teilnehmern geschaffenen Kontext entstanden, und die Chance der Memorisierung bei der Korrektur selbst produzierter Sätze ist größer. An diesem Beispiel

läßt sich sehr gut sehen, wie Aussprache und Bedeutung der Aussage, ja sogar Grammatik miteinander verknüpft sind.

Beispiel 3:
Ein wohl vielen bekanntes Beispiel, das oft in Diskussionen auch Heiterkeit auslösen kann, ist das deutsche (Fremd-) Wort „Humor", verwendet von anglophonen Sprechern oder Ausländern, die sehr gut englisch sprechen.
In einer Diskussion über Eigenschaften verschiedener Nationalitäten, kommt es dann zu der Aussage: „Deutsche haben oft keinen ['hjumɐ]". Darauf kann es verständnislose Reaktionen geben: „Was meinst du?" oder humorvolle:" Was? Hummer? – Nein, den gibt es hier nicht." usw.
Entstanden ist dieses Nicht-Verstehen oder Mißverständnis zunächst durch eine falsche Akzentgebung. „Humor" ist ein Fremdwort, das den Wortakzent auf der letzten Silbe hat. Wird es nun auf der ersten Silbe betont und wird [u] wie im Englischen [ju] ausgesprochen, hört es sich für einen deutschen Hörer leicht wie „Hummer" an.

Beispiel 4:[21]
„Wenn ein Japaner im Geschäft den grammatisch vollständigen Satz formuliert: «Ich möchte B^{u}rus^{u}t.», so wird er nichts als totale Verwirrung der Verkäuferin auslösen. Der Japaner meint selbstverständlich, er hätte „Wurst" verlangt.... Weil er aber das labio-dental zu artikulierende w, das es im Japanischen nicht gibt, entsprechend dem ihm vertrauten japanischen Lautsystem durch ein [b^u], wobei [u] sehr schwach artikuliert wird, ersetzt, klingt das Wort „Wurst" wie „Brust", was die Kommunikation nicht nur beeinträchtigt, sondern zu mißverständlichen Verwechslungen führen kann."

Beispiel 5:
Auch beim Vorlesen kann es zu Aussprachefehlern kommen, die zu Mißverständnissen führen.
Eine Chinesin liest aus einer schriftlichen Aufgabe, einem Tagebuch, vor: „Ich habe keinen [b^{e}r^{u}f] empfangen/bekommen."
Lehrerin (erstaunt): „Was sind Sie von Beruf?"
Chinesin antwortet – mit verständnislosem Blick –: „Ich bin Sekretärin. Aber....."
Bei einer Bitte um Wiederholung stolpert sie über das Wort [b^{e}r^{u}f] – [b^{e}ri:f], zeigt in der Luft einen Briefumschlag und klärt hiermit das Mißverständnis. Die Frage der Lehrerin zielt auf dieses Wort ab, aber nicht korrigierend, sondern eher helfend: das Wort Beruf paßt nicht in den Kontext, und es liegt nahe, daß es sich um einen Aussprachefehler handelt. Da aber nicht von Anfang an klar ist, welches Wort die Teilnehmerin wirklich meint, kann ihr die Frage nach dem Beruf weiterhelfen bei der Suche nach der Ursache des Mißverständnisses, und sie trägt selbst dazu bei, dies zu klären.
Ähnlich wie in dem oben zitierten Beispiel aus dem Japanischen fügen chinesische wie auch andere asiatische Muttersprachler sogenannte „Sproßvokale" ein.

Diese Vokale werden von den Lernern zwischen Konsonantenverbindungen geschoben, damit sie leichter „aussprechbar" werden. So sagen Japaner oft [içi] anstatt [ıç] und Türken [filim] anstatt [fılm]. Hinzu kommt in dem obengenannten Beispiel, daß das Wort „Beruf" kurz zuvor gelernt worden war und die Lernerin das Lautbild noch im „Ohr" hatte.

Wenn man sich unter Muttersprachlern umhört, so kann man erfahren, wie verschiedene Aussprachevarianten von Ausländern, in der Umgangssprache als ausländischer Akzent bezeichnet, eingestuft werden: Ein französischer Akzent wird allgemein als charmant empfunden – aber was nützt dies im obengenannten Beispiel, wenn man nicht oder schlecht verstanden wird? Der amerikanische Akzent wird auch akzeptiert, klingt aber nicht schön; ein afrikanischer oder arabischer Akzent wird leicht als nicht verständlich abgetan. Aber von einer auf solchen Vorurteilen basierenden Hierarchisierung dürfen sich Sprachlehrer nicht beeinflussen lassen, und zwar in dem Sinne, daß sie vielleicht die einen mehr, die anderen weniger korrigieren. Eine konsequente Ausspracheschulung ist für alle Lerner gleichermaßen wichtig.

Fazit:
Unterrichtende müssen sich immer wieder vor Augen halten, daß Aussprachefehler außerhalb des Unterrichts zu Mißverständnissen führen können, die nicht durch eine anwesende Lehrerin oder einen Lehrer geklärt werden und deshalb Frustrationen hervorrufen. Einhören in die neue Sprache und Übungen zur Aussprache haben daher vor allem im Anfängerunterricht – aber nicht nur da – eine bedeutende Rolle. Die Lerner können hier noch am besten für ihre Aussprachefehler sensibilisiert werden. Auch wenn sie diese nicht ganz ablegen, so werden sie doch hellhöriger und sind in der Lage, sich selbst zu korrigieren, wenn auf dem Gesicht ihres deutschen Gesprächspartners ein Fragezeichen erscheint, das ein Nicht-Verstehen signalisiert. Es wird nicht an einem falschen Artikel oder einem Grammatikfehler liegen, das verkraftet jeder Muttersprachler, sondern wohl eher an einer fehlerhaften Aussprache, einer Abweichung, die für den Muttersprachler ungewohnt und unverständlich ist, weil sie nicht der Norm entspricht bzw. bestimmte Konventionen nicht berücksichtigt.

1.3. Ziele und Stellenwert der Ausspracheschulung

Das übergeordnete Ziel im Sprachunterricht sollte sein, eine Aussprache anzustreben, die von muttersprachlichen Kommunikationspartnern gut verstanden wird. Die vorangehenden Beispiele verdeutlichen, denke ich, hinreichend die Notwendigkeit von Ausspracheschulung. Es soll und kann im Sprachunterricht nicht darum gehen, Erwachsene zu einer akzentfreien Aussprache der neuen Sprache, hier des Deutschen, zu bringen. Dieses Ziel wäre zu hoch gesteckt und würde zu

Frustrationen sowohl der Lerner als auch der Lehrer führen, weil es im Unterricht nicht zu erreichen ist.

Der Grund dafür, daß Erwachsene größere Schwierigkeiten haben, eine neue Aussprache zu lernen, ist in den Entwicklungsphasen des Menschen zu finden. Mit dem Erwerb der Muttersprache festigt sich im Gehirn ein phonologisches System, das im Erwachsenenalter (ab ca. 15–16 Jahren) soweit entwickelt und automatisiert ist, daß es fester psychologischer und biologischer Bestandteil eines Wesens ist. Untersuchungen über den Spracherwerb beim Menschen zeigen, daß Neugeborene Laute wahrnehmen und nachahmen, die in ihrer Muttersprache nicht existieren. Neugeborene sind in der Lage, jede Sprache der Welt zu lernen; die Umgebung bestimmt, welche Sprache sie lernen. Mit ca. 3 Monaten verlieren sie diese Fähigkeit und richten sich nur noch nach den Frequenzen, Rhythmen und Intonationsmustern der Muttersprache. Das Kind entwickelt seine Sprache nach Begriffen und Kategorien – und dazu gehören Lautsystem und Intonationsmuster –, die es bei der Entdeckung seiner Umwelt vorfindet.[22]

Aus Untersuchungen zum Zweitsprachenerwerb und Bilingualismus sind Ergebnisse bekannt, die aufzeigen, daß jüngere Kinder weniger Ausspracheschwierigkeiten haben als ältere bzw. Erwachsene. Asher & Garcia schreiben dazu in einer Untersuchung (1969) an kubanischen Migrantenkindern in den USA:" Die Wahrscheinlichkeit für eine fast muttersprachliche Qualität bei der Aussprache ist umso größer, je jünger das Kind bei der Einwanderung ist. Ein zweiter, ebenso relevanter Faktor ist die Aufenthaltsdauer: Je länger ein Kind im Einwanderungsland lebt, desto besser wird seine Aussprache."[23] Aus eigener Erfahrung möchte ich die Fälle von türkischen und griechischen Sprachschülern hinzufügen, die einen großen Teil ihrer Kindheit und teilweise auch Schulzeit in der Bundesrepublik verbracht haben, dann mit den Eltern in ihre Heimat zurückgekehrt sind, dort die Schule besucht, Abitur gemacht haben und zum Studium wieder in die BRD kommen. Sie kommen ans Sprachinstitut, weil ihre Sprachkenntisse nicht den Anforderungen einer PNDS (Prüfung zum Nachweis deutscher Sprachkenntnisse) entsprechen, sie haben Defizite in Grammatik und Wortschatz, aber „sie sprechen gut deutsch", denn sie hatten das phonologische System des Deutschen schon so automatisiert, daß sie es nicht wieder verloren haben.

Was passiert nun bei Erwachsenen, die eine Fremdsprache lernen?

Dem völlig internalisierten phonologischem System der Muttersprache steht das der neuen, zu lernenden Sprache gegenüber. Das System der Muttersprache funktioniert nun wie eine Art Raster, mit dem neue Laute, Rhythmen und Intonationsmuster verglichen werden. Existieren sie nicht in der Muttersprache, so werden sie oft nicht wahrgenommen oder wirken sehr befremdlich auf die Sprachlerner. In den meisten Fällen werden Einzellaute denen der Muttersprache angeglichen, d.h. wie ein ähnlicher muttersprachlicher Laut ausgesprochen. Dies trifft zu bei Vokalquantitäten, wie ein langes [ɑ] in dem Wort *haben*, das oft zu kurz gesprochen wird, also [habn]; oder bei [b] und [v], wenn dann *weißt du* [vaestu] zu [baestu] *beißt du* wird. etc.

Auch Konventionen, was lautliche Kombinationen anbelangt, werden aus der

Muttersprache übertragen: Gibt es in einer Sprache, wie im Japanischen oder auch in afrikanischen Sprachen, in der Regel nur offene Silben, d.h., auf einen Konsonanten folgt immer ein Vokal, so ist es für die Lerner besonders schwierig, deutsche Konsonantenverbindungen auszusprechen. Sie sprechen entweder Sproßvokale wie [filim] anstatt [fɪlm] oder [birif] anstatt [bri:f], oder sie hängen an ein Wort, das mit einem Konsonanten endet, einen Vokal an, wie Japaner, die [içi] anstatt [ɪç] sprechen, oder Eriträer, die an *ein, mein* oder *kein* immer ein [ə] anhängen, was in diesem Fall auch zum Grammatikfehler wird. Die andere Variante ist die, daß Konsonanten im Auslaut nicht gehört und somit auch nicht wiedergegeben werden.

Das phonologische Raster bezieht sich jedoch nicht nur auf Einzellaute, sondern auch auf Intonation und Rhythmus. Die größte Schwierigkeit beim Erlernen einer neuen Sprache liegt nach meinen Erfahrungen im Akzeptieren neuer Intonationsmuster. Eine Begründung mag auch darin liegen, daß Sprache und Aussprache den ganzen Menschen miteinbeziehen und Intonationsmuster eng mit der Persönlichkeit verbunden sind.

Diese Ausprägung durch die Muttersprache ist ein Grund für die – je nach Ausgangssprache verschiedenen und typischen – Aussprachefehler. Aber auch bereits gelernte Fremdsprachen spielen bei der Ausspracheschulung eine Rolle. Hat ein Teilnehmer schon eine oder mehrere Fremdsprachen gelernt, so ist davon auszugehen, daß die neue Sprache auf ein bereits erweitertes phonologisches Raster trifft. Das bedeutet einerseits eine Erleichterung, kann aber auch dazu führen, daß z.B. ein italienischer Deutschlerner einen „englischen Akzent" hat, d.h. die für Anglophone typischen Aussprachefehler macht, weil er gerade ein Jahr in den USA verbracht hat.

Fazit:

Die Ausspracheschulung muß diesen Erkenntnissen und den daraus resultierenden Lernprozessen Rechnung tragen. Dabei sollte das Üben von Intonation und Rhythmus am Anfang stehen, denn sie erleichtern auch die Aussprache von Einzellauten.

1.4. Ein Dreierschritt bei der Ausspracheschulung

Im Unterricht ist bei der Ausspracheschulung von einem Dreierschritt auszugehen: Die Lerner werden angeleitet, die Zielsprache immer besser **wahrzunehmen**, diese Wahrnehmung zu **strukturieren** und anschließend Sprache zu **produzieren**. Die Schritte sind: **hören – aktivieren – sprechen**.

Hören

Aus bereits genannten Gründen ist das Einhören in die neue Sprache von außerordentlicher Bedeutung. Das phonologische System der neuen Sprache muß „zu Ohr gebracht" werden, und zwar ganz bewußt in konkreten Sprechanlässen, in ganzheitlichen Formen, in Dialogen, die eine klare Situation und klare Rollenverteilung der Sprecher anbieten. Dabei bietet der Kontext die Möglichkeit, den Inhalt zu verstehen. Sprache bzw. Sprachlaute sollen nicht einzeln und in reiner Form – wobei zu bemerken ist, daß es die reine Form nicht gibt –, sondern in ihrer Lautumgebung, in Lautkombinationen und in für das Deutsche üblichen Intonationsmustern gehört werden.

Diskriminierungsübungen für das Hörtraining einzelner Phoneme, wie die Unterscheidung zwischen langen und kurzen Vokalen, können sehr hilfreich sein, sie sollten allerdings im Wortschatz dem Kenntnisstand der Lerner angepaßt sein, damit nicht zum bereits vorhandenen Hör- und Ausspracheproblem noch ein neues, nämlich das der Bedeutung, hinzukommt. Leider wird dies in manchen Phonetikprogrammen zu Deutschlehrwerken nicht genügend berücksichtigt; vielleicht sind auch deshalb diese Übungen von Lernern und Lehrern nicht sonderlich geschätzt und werden oft, wie ich immer wieder erfahren habe, in der Praxis nicht angenommen. Solche Übungen sollten vor allem auch nicht zu früh eingesetzt werden. Wenn Lerner z.B. den Unterschied zwischen langen und kurzen Vokalen in ihrer Muttersprache nicht haben, so werden sie am Anfang diesen auch nicht hören, er fällt sozusagen durch das phonologische Raster. Authentische Sprechsituationen, Sätze, die inhaltlich einen Bezug zu den Lernern haben und wo diese Phoneme durch die Akzentgebung unterstützt werden, versprechen auf die Dauer gesehen mehr Erfolg.

Beispiele: *Ich komme um acht.* (kurzes /o/ und /a/)

        oder

        Ich bin seit einem Jahr in Tübingen. (langes /ɑ/)

Wenn sich jedoch im Unterricht, wie in dem eingangs genannten Beispiel 2, ein konkretes Problem ergibt, ist es sicher sinnvoll eine Reihe von Gegenüberstellungen mit langen und kurzen Vokalen zu üben: *kann – Bahn, fallen – malen*, etc. In diesem Fall ist die Übung eine Entwicklung aus der Unterrichtssituation und betrifft die Lerner direkt; sie wird nicht von außen als phonetisches Übungsprogramm an sie herangetragen.

Aktivieren

Während des Hörens werden nicht nur fremde Töne über das Ohr und Schwingungen über das Knochen- und Nervensystem aufgenommen, sondern es laufen gleichzeitig im Gehirn mentale Prozesse ab, die die Wahrnehmung der fremden Sprache bewirken. Es handelt sich dabei um eine aktive Tätigkeit: Alles Neue wird registriert, mit bereits vorhandenen Informationen verglichen, entweder erkannt und zugeordnet oder neu gespeichert. Da eine Information nicht beim ersten Mal ins Langzeitgedächtnis übernommen wird, ist wiederholtes Hören sehr wichtig. Ein Dialog muß öfter angehört werden, damit er Spuren im Gedächtnis hinterläßt. Sprachliche Einheiten – Wörter, Ausdrücke – müssen immer wieder wiederholt werden, und zwar im Sinne einer konzentrischen Progression in verschiedenen Situationen.

Es geht hier nicht um ein simples input/output Verfahren, sondern die Sprachlerner sollen zuerst verstehen und dann sprechen.

In den ersten Unterrichtsstunden steht zwar das Nachsprechen noch sehr im Vordergrund, was aber nicht bedeutet, daß papageienhaft nachgesprochen wird. Der Kontext und die Bedeutung der Einheit sollten klar sein, die Einzelwörter müssen jedoch dabei nicht analysiert werden. Der Satz *Kommst du mit?* wird in Wirklichkeit wie ein Wort ausgesprochen: [kɔmstumɪt]. Wichtig ist dabei die steigende Intonation und der Akzent auf *mit*. Daraus ist zu erkennen, daß es sich um eine Frage handelt und daß *mit* die Hauptinformation ist. Unwichtig ist in einem ersten Verständnis, daß *mitkommen* ein trennbares Verb ist.

Die Bedeutung einer Aussage hängt zum großen Teil von Akzent, Intonationsform und Pausen ab. Sie sind im Deutschen die Gliederungselemente einer Aussage und als solche im Gedächtnis verankert. Für Deutschlerner bedeutet das, daß sie zunächst lernen müssen, diese Gliederungselemente wahrzunehmen, um besser hören zu können. Deshalb sind Übungen zu Intonation und Rhythmus am Anfang vorrangig. Die Lerner sollen die Intonation in Aussagesätzen und Satzfragen und die verschiedenen möglichen Varianten eines Satzes hören und verstehen lernen. Ein Satz wie *Sie kommen mit.* kann sowohl Aussage als auch Befehl oder Frage sein. Außerdem gibt es im Deutschen die Möglichkeit, durch unterschiedliche Akzentsetzung der Aussage verschiedene Bedeutungen zu geben. Der Satz *Kommst du mit?* mit dem Akzent auf *du* anstatt *mit* bedeutet, daß man von einer ganz bestimmten Person wissen möchte, ob sie mitkommt.

Spielerischer Umgang mit diesen unterschiedlichen Akzentgebungen im selben Satz mit entsprechend verschiedener Bedeutung ist eine weitere Hilfe beim Aktivieren und bildet die Brücke zum Sprechen. Aber auch hier sollte das Gesetz des Kontexts gelten. Es ist nicht schwierig, Frage- und Aussagesatz in einer Einheit zu üben, nach dem Muster:

Kennen Sie Paris? – Ja, ich war letztes Jahr dort.

oder

Kennen Sie Paris? – Nein, nicht so gut.

oder

Kennen Sie Paris? – Nein, ich nicht, aber meine Schwester kennt Paris sehr gut."

Solche Minidialoge können aus der Gruppensituation entwickelt werden oder sich am Lehrstoff orientieren. Wichtig ist dabei, daß jedes monotone Sprechen vermieden wird; jeder Minidialog sollte eher einer Mini-Inszenierung gleichkommen. Das macht erstens Spaß, und zweitens werden auf diese Weise Intonation und Rhythmus auf lebendige Art und Weise in der Kommunikation mit anderen geübt.

Sprechen

Sprechen ist hier gemeint als Nachsprechen eines vorgegebenen Modells, als Transfer und freies Sprechen.

These:

Wenn Intonationsmuster und Akzentgebung richtig sind, werden auch 60% der Einzellaute richtig ausgesprochen, und die Aussage klingt deutsch (oder französisch, oder italienisch..).

Während meiner Arbeit an diesem Buch sind mir zwei Beispiele begegnet, mit denen ich diese These untermauern möchte. Wenn es auch hier nicht um Deutsch geht, so ist doch die Beobachtung übertragbar.

Beispiel 1:

In einer bekannten französischen Fernsehsendung über Literatur spricht ein Amerikaner über sein kürzlich erschienenes Buch. Sein Französisch wird von französischen Muttersprachlern positiv hervorgehoben. Bei genauerem und längerem Zuhören lassen sich jedoch sowohl Grammatikfehler als auch Fehler bei der Aussprache von einzelnen Lauten heraushören. Aber dadurch, daß Intonation und Rhythmus den Intonationsmustern des Französischen entsprechen, werden diese Fehler überhört.

Beispiel 2:

Ein italienischer Professor hält bei einem Kolloquium einen längeren Vortrag in französischer Sprache. Leider fällt den Hörern nach anfänglicher Begeisterung für das Thema das Zuhören immer schwerer. Er spricht zwar ein grammatikalisch korrektes Französisch aber mit italienischer Prosodie. Damit verstößt er gegen die Hörgewohnheiten der Zuhörer, die französische Intonationsmuster im Ohr haben.

Die Beispiele lassen sich erweitern. Professor Kelz berichtete bei der Jahrestagung Deutsch als Fremdsprache 1989 in Karlsruhe in seinem Einführungsreferat vom sogenannten „Khmer"-Effekt: Beobachter einer Sprachlerngruppe, die sich aus Vietnamesen zusammensetzte, folgten einer Diskussion, in der sich Lehrer und Teilnehmer offensichtlich sehr gut verstanden, sie selbst konnten jedoch nicht folgen. Die Teilnehmer sprachen Deutsch mit muttersprachlicher Prosodie. Der Unterrichtende hatte sich bereits an diese Aussprache gewöhnt, die Beobachter jedoch konnten nicht verstehen.

Natürlich lassen sich das Hören, Aktivieren und Sprechen nicht streng auseinanderhalten. Man kann jedoch sagen, daß sie in dieser Reihenfolge als mentale Prozesse ablaufen; denn nur was gehört worden ist, kann aufgenommen, verarbeitet und dann gesprochen werden. Ausgehend vom Anfängerunterricht kann man drei Stufen von Sprechen erkennen: nachsprechen/imitieren, kleine Transfers innerhalb einer vorgegebenen Aussage und spontane sprachliche Äußerungen.

Übrigens: Auch Erwachsene imitieren gern, wenn sie humorvoll und ermunternd dazu aufgefordert werden.

Wenn wir im Unterricht genügend Raum und Zeit zum Einhören, Aktivieren und Ausprobieren geben, dann können wir erwarten, daß auch spontan sprachliche Äußerungen gemacht werden. Dabei müssen jedoch mehrere Elemente beachtet werden, sowohl inhaltliche als auch physiologische: Der Sprecher muß wissen, was er sagen will, muß sein Konzept im Kopf haben und kann dann die Artikulationswerkzeuge in Gang setzen. Gleichzeitig muß er auf Intonation, Rhythmus und Pausen achten. Pausen sind einerseits wichtig für die Gliederung einer Aussage und werden andererseits zum Atemholen gebraucht. Sie müssen so gesetzt werden, daß sie den Sinn einer Aussage nicht entstellen. Um aber Sprechpausen richtig setzen zu können, muß der Sprecher seinen Atem so regulieren, damit ihm nicht plötzlich an unpassender Stelle die Luft wegbleibt. Einer längeren Phase des Sprechens – Ausspracheübungen oder Diskussion – sollten deshalb Atemübungen vorgeschaltet werden. Diese Übungen dürfen nicht zu lange dauern, müssen aber immer wieder wiederholt werden, damit die Lerner an sich selbst spüren, wie positiv sich eine solche Vorbereitung auf das Sprechen auswirkt. Denn wenn es dem Sprecher gelingt, seinen Atem zu kontrollieren und ökonomisch einzusetzen, spricht er deutlich und kann seinen Gedankenfluß in Ruhe verfolgen.

Fazit

Die Frage eines kritischen Lesers könnte nun heißen: Alles schön und gut, aber wann soll ich das alles machen? Ich muß doch Wortschatz, Grammatik und Inhalte vermitteln!

Meine Antwort: Tun wir ja. Wenn Sprache – wie oben vertreten – etwas Ganzes ist, dann kann ich gar nicht anders, als das Ganze zu vermitteln, und da ist grammatikalische Richtigkeit oft ein Nebenprodukt der Ausspracheschulung: Wenn wir beispielsweise darauf achten, daß der Rhythmus beibehalten wird, so vermeiden wir Sätze wie *Ich habe eine Kind.* In diesem Satz ist eine Silbe zuviel, und der Rhythmus stimmt nicht mehr.

Polemisch möchte ich auch fragen: Was ist wichtiger? Daß Teilnehmer grammatikalisch korrekte Sätze zum Umweltschutz formulieren können, aber dabei nur von ihrem Lehrer und nicht von anderen Deutschen verstanden werden?[24]

Es ist also nötig, Grammatik, Inhalte und Ausspracheschulung in der Praxis zu verbinden. Kurze Unterrichtssequenzen, in denen gezielt Aussprache mit dafür geeigneten Dialogen geübt wird, sind besonders im Anfängerunterricht nötig, aber das Korrigieren von Aussprachefehlern auf einer vom Lerner im freien Gespräch gemachten Aussage ist aus lernpsychologischen Gründen effektiver. Das Interesse an eigenen Aussagen ist für jeden Lerner größer als an vorgegebenen Sätzen, und damit steigt auch der Behaltensgrad. Frederic Vester schreibt dazu: „... Bei Dingen, die wir selbst intensiv erleben, genügt ja oft eine einmalige Aufnahme zur permanenten Speicherung. ... Es (unser Gehirn) muß Vorstellungen und Bilder zusammenbringen, um die vielen Wahrnehmungskanäle eines echten Erlebnisses, wie sehen, hören, fühlen, schmecken, riechen, anfassen und sich bewegen, wenigstens teilweise zu ersetzen. Das heißt, wir müssen Ein-Kanal-Informationen dann wenigstens innerlich zu Mehr-Kanal-Informationen machen – quasi zu einem inneren Erlebnis.“[25]

2.
Voraussetzungen für phonetisches Arbeiten im Unterricht

Vorbemerkungen

Bei Lehreraus- und -fortbildungveranstaltungen kann man immer wieder feststellen, daß Kursleiter zwar die Notwendigkeit sehen, Ausspracheschulung und phonetische Korrektur im Unterricht zu machen, doch oft herrscht große Unsicherheit über das „Wie".

Die Voraussetzungen dafür bringen fast alle Lehrer mit, weil sie sich während ihrer Studienzeit irgendwann mit Phonetik und Phonologie auseinandersetzen mußten, falls sie Germanistik oder eine Fremdsprache studiert haben. Dies liegt aber teilweise weit zurück, war sehr trocken und weckt unangenehme Erinnerungen, weil die Phonetik oft zweckfrei – höchstens in Verbindung mit einem Schein – absolviert wurde. Der Bezug zum praktischen Sprachunterricht wurde wohl in den seltensten Fällen mitvermittelt. Solches Wissen gerät dann leicht in Vergessenheit und ist nicht mehr präsent, um für den DaF-Unterricht operationalisiert zu werden. Basiskenntisse über Lautsystem, Akzentgebung und Intonationsformen im Deutschen sind jedoch Grundvoraussetzungen, wenn man eine korrekte Aussprache vermitteln will.

Im folgenden will ich zunächst darlegen, welches Grundwissen über Phonetik und Phonologie zu diesem Zweck wichtig ist, um im Anschluß daran auf die sinnvolle Anwendung dieses Wissens bei der phonetischen Arbeit im Unterricht einzugehen.

2.1 Die Sprache des Lehrers

Bevor ich die Grundkenntnisse näher beschreibe, möchte ich die Leser erst einmal dazu einladen, über ihre eigene Sprache und ihr Sprechverhalten im Unterricht nachzudenken. Phonetikprogramme oder Hinweise in Lehrerheften gehen oft selbstverständlich davon aus, daß jeder DaF-Lehrer die Regeln der deutschen Standardaussprache beherrscht, nach diesen Regeln spricht und demzufolge auch die jeweiligen Abweichungen, die von Ausländern gemacht werden, sicher diagnostizieren kann. An dieser Stelle wage ich ein vorsichtiges Fragezeichen anzubringen. Leben wir nicht in einem Land, in dem von Nord nach Süd, von Ost nach West verschiedene Dialekte gesprochen werden, ganz abgesehen von anderen deutschsprachigen Ländern wie der Schweiz und Österreich? DaF-Lehrer kommen aus all diesen Gegenden, sind mit diesen Dialekten aufgewachsen und haben sie häufig in der Schule und auf der Universität gesprochen. Aber wie ist das im Unterricht mit Ausländern? Auch wenn Deutschlernende im Inland in ihrer Umgebung mit Dialektsprechern zu tun haben, so ist es doch sehr wichtig, daß sie im Sprachunterricht die deutsche Standardaussprache hören und üben, und zwar nicht nur über die Tonbandmaterialien sondern auch vom Lehrer. Dialektgefärbte Hörtexte in manchen DaF-Lehrwerken dienen dem Einhören; die Sprachlerner selbst sollten jedoch die deutsche Standardaussprache lernen, denn wer weiß, in welchen Teil Deutschlands es sie nach dem Sprachkurs verschlägt.

Deshalb ist es notwendig, daß sich DaF-Lehrer und angehende DaF-Lehrer über die Normen der deutschen Standardaussprache[26] informieren. Dieses Grundwissen ist eine Voraussetzung, wenn man Ausländern Aussprache lehren und diese korrigieren will.

Die Sprache des Unterrichtenden kann ohne weiteres eine leichte Dialektfärbung haben, denn die Sprache ist fester Bestandteil der Person. Die Grundsätze der deutschen Standardaussprache sollten aber bei der Unterrichtssprache weitgehend beachtet werden, d.h., starke Diphtongisierungen, wie sie in süddeutschen Dialekten üblich sind, zu weiche Aussprache von Explosivlauten [p],[t],[k] wie im hessischen Sprachraum oder übermäßige Dehnungen bei langen Vokalen vor allem bei der Silbe „er", wie man sie im Ruhrgebiet antreffen kann, sollten vermieden werden. Eine sorgfältige Unterrichtssprache spielt eine wichtige Rolle als Vorbild für die Lerner und trägt dazu bei, daß der Lehrer besser verstanden wird. Dabei ist nicht nur die Beachtung der deutschen Standardaussprache wichtige Voraussetzung für einen gelungenen Ausspracheunterricht, sondern auch das Sprechverhalten des Lehrers:

– Spricht er deutlich, aber nicht zu langsam, um die natürliche deutsche Satzintonation und den Rhythmus beizubehalten?
– Spricht er laut genug, um von allen verstanden zu werden, aber nicht zu laut? Denn je lauter jemand spricht, umso größer ist die Verwirrung bei der Wahrnehmung (Näheres dazu siehe Kapitel 4). Außerdem ist ein „brüllender" Lehrer, d.h. ein Lehrer, der so laut spricht, daß er die Teilnehmer laufend übertönt, kein gleichwertiger Kommunikationspartner im Sinne eines kommunikativen Unterrichts.

Die Unterrichtssituation stellt hohe Anforderungen; so müssen sich z.B. alle Lehrer – auch die mit der korrektesten Aussprache – davor hüten, beim Korrigieren von Einzellauten den Rhythmus zu verfälschen, indem sie Silben überbetonen, die normalerweise nicht betont werden, oder durch Zerhacken eines Satzes die Sinneinheiten zerstören. Solche falschen Hörmuster werden oft schneller übernommen als der Laut, den man eigentlich verbessern wollte.

Es soll auch nicht darum gehen, daß Dialektsprecher sich eine künstliche, für sie unnatürliche Sprache antrainieren, sondern daß sie für den Unterricht eine andere Sprachebene, ein anderes Register benutzen. Deshalb vertrete ich – sicher nicht unwidersprochen – die Meinung, daß alle, die das Fach Deutsch als Fremdsprache unterrichten, in dieser Richtung an ihrer Sprache arbeiten sollten. Es ist wichtig, das eigene Sprechverhalten und die eigene Aussprache ständig zu beobachten, um so ein Instrumentarium zu entwickeln, mit dem die Ausspracheabweichungen bei den Lernern gehört und analysiert werden können.[27]

Diese Hinweise sollen nicht als Forderungen gesehen, sondern eher als Selbstverständlichkeiten erkannt werden. Ich möchte nicht damit abschrecken, sondern dazu ermuntern, auch sich selbst ab und zu auf Tonband oder auf Video aufzunehmen. Gerade Videoaufnahmen führen sprachliche Ticks, Formulierungsunsicherheiten, unnatürlichen Tonfall oder undefinierbare Gesten vor Augen, und wer die eigenen Fehler kennt, kann sein Verhalten verbessern, auch das sprachliche. Nur wer seiner eigenen Sprache sicher ist, kann diese auch gut vermitteln, und dies gilt erst recht für die Ausspracheschulung.

2.2 Elemente des deutschen Lautsystems

Wie ich oben schon ausgeführt habe, läßt sich sinnvolle Ausspracheschulung nur durchführen, wenn diese in den Unterrichtsablauf integriert ist. Das setzt voraus, daß Lehrer ihr Wissen um Phonetik und Phonologie in praktisches „Handwerkszeug" umsetzen und während des Unterrichts präsent haben.

Dazu gehört auch ein solides Basiswissen über das deutsche Lautsystem, seine **Vokale** und **Konsonanten** und über **Intonation** und **Rhythmus** im Deutschen.

2.2.1. Die deutschen Vokale

Die deutschen Vokale haben folgende wichtige Merkmale, die sie von Vokalen in anderen Sprachen unterscheiden:

Sie können **offen** oder **geschlossen,**

> **kurz** oder **lang,**
>
> **entspannt** oder **gespannt** sein.

In betonter Stellung (Silbe, die einen Akzent trägt) fallen jeweils offen, kurz und entspannt, z.B. [ε] in *essen,* und geschlossen, lang und gespannt, z.B. [e:] in *lesen* zusammen. In unbetonter Stellung, wie *o* in *Kino,* finden wir ein eher halblanges, aber auf jeden Fall gespanntes und geschlossenes [o]. Ebenfalls handelt es sich in *musikalisch* um ein gespanntes, geschlossenes, halblanges [i] im Gegensatz zum langen, gespannten, geschlossenen [i:] in *Musik.* Wir treffen also eine leichte Veränderung an, was die Länge betrifft, wenn Vokale in betonter oder unbetonter Stellung auftreten; die Elemente der Spannung oder Entspannung, der Geschlossenheit oder Offenheit bleiben immer erhalten.

Bei dem Begriff Spannung handelt es sich hier um eine artikulatorisch nachzufühlende Spannung im Mundraum, mit der die Zunge mehr oder weniger stark an den oberen Gaumen gedrückt wird. (Zum Element der Spannung in Wort und Satz siehe 2.3.4.)

Diese Kennzeichen der deutschen Vokale machen allen Deutschlernern Schwierigkeiten, und zwar aus mehreren Gründen:

- wenige Ausgangssprachen haben diese Unterscheidung
- im Deutschen sind diese Unterscheidungen sehr oft bedeutungstragend, haben also Phonemcharakter (*Liebe – Lippe, essen – äsen, Rasen – Rassen* etc.)
- eine falsche Aussprache der Vokale kann zu Akzentverschiebungen und damit zu Verfälschungen von Intonation und Rhythmus einer ganzen Aussage führen.

Beispiel:

„Wir waren in Marseille und haben den Hafen [haf^n] (ausgesprochen: [^{h}af^{e}n], schwaches [h] und kurzes [a], zudem ein anklingendes [e]) *gesehen.“*

Mißverständnis:

„Was! Affen habt ihr gesehen?“

Die folgende Darstellung der deutschen Vokale in Form eines Trapezes ist nicht nur eine graphische Anordnung, es lassen sich daraus auch Korrekturhilfen entwickeln.

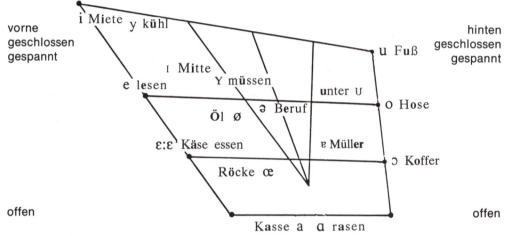

Die Begriffe „vorne" und „hinten" beziehen sich auf die Stellung im Mundraum. Von oben nach unten gelesen nehmen Spannung und Geschlossenheit immer mehr ab ([e] in *lesen* ist gespannt aber nicht so gespannt wie [i:] in *Miete*). Jeder einzelne Vokal hat jedoch wiederum eine gespannte, geschlossene und eine entspannte, offene Variante.

Die Vokale kommen in der gesprochenen Sprache nie in der im Schema aufgezeigten Reinheit vor, ihre Aussprache ändert sich je nach betonter und unbetonter Stellung (s.o.) und hängt von der Lautumgebung ab. Diese Tatsache beeinflußt die Wahrnehmung der Laute sehr stark, d.h., ein Deutschlerner hört viele verschiedene [a] und wählt beim Sprechen dasjenige aus, das auch in seiner Muttersprache vorkommt oder diesem am ähnlichsten ist. Frankophone oder Hispanophone Sprecher z.B., die die unterschiedlichen Vokalqualitäten in ihrer Muttersprache nicht haben, achten auch im Deutschen nicht darauf; Iraner, die [irɔːn] sprechen, obwohl sie *Iran* schreiben, übertragen diese Aussprache auf alle deutschen [aː]. Beim Korrigieren der Aussprache von Vokalen ist das Wissen um die Anordnung der Vokale insofern von Nutzen, da der Lehrer beim Vorsprechen seine eigene Aussprache den Linien folgend von oben nach unten oder umgekehrt nuancieren, d.h. „überspannen" kann.

Der **Übungsablauf** sieht dann folgendermaßen aus:

Lerner:[irɔ:n] für „Iran"

1. Korrektur: [ira:n]

1. Nachsprechen: [ira:n]

2. Korrektur: [irɑn].

2. Nachsprechen: [irɑn]

Das offene [a] lenkt vom [ɔ] ab, und der Lerner wird das geschlossene [ɑ] besser hören und sprechen können.

Frankophone Lerner sprechen [ɪ] in Mitte zu lang, was so etwas Ähnliches wie [mitə] ergibt. Da das [ɪ] zu lang gesprochen wird, kann man zunächst Mette [mɛtə] vorsprechen. So wird das Ohr an das offene [ɪ] gewöhnt. In einem weiteren Schritt zurück zu Mitte wird nun das [ɪ] richtig wahrgenommen – als ein vom französischen [i] unterschiedlicher Laut – und richtig gesprochen.

Übungsablauf:

Fehler: [mitə]

1. Korrektur: [mɛtə]

1. Nachsprechen: [mɛtə]

2. Korrektur: [mɪtə]

2. Nachsprechen: [mɪtə]

Arabische Lerner machen oft keinen deutlichen Unterschied zwischen [ɪ] und [ɛ], sie sprechen z.B.: [kɛndɐ] für Kinder.

Übungsablauf:

1. Korrektur: [ki:ndɐ]

1. Nachsprechen: [ki:ndɐ]

2. Korrektur: [kɪndɐ]

2. Nachsprechen: [kɪndɐ]

Durch die Übertreibung in die entspannte oder gespannte Richtung wird der Laut so wahrgenommen, wie er dem deutschen Laut am nächsten kommt und dann auch so wiedergegeben. Wichtig dabei ist, daß der Lehrer diesen Korrekturprozeß – also: **Fehler – Überspannung – richtige Aussprache** – nur in dem Wort anbietet, in dem der Fehler gemacht worden ist. Auch wenn dabei für das Deutsche untypische Lautverbindungen entstehen können, so dienen sie hier einer Verbesserung der Wahrnehmung und dem besseren Hören und haben somit ihre Berechtigung.

2.2.2. Die deutschen Konsonanten

Mit Ausnahme des Öffnungskonsonanten [h] kommen alle Konsonanten im Deutschen dadurch zustande, daß im Mundraum der Luftstrom behindert wird durch Verschluß- oder Engebildung. Demnach läßt sich folgende Einteilung machen:

Konsonanten mit Verschlußbildung

Explosivlaute	stimmlos	stimmhaft	Nasallaute	Zitterlaute
	[p]	[b]	[m]	[r]
	[t]	[d]	[n]	[R]
	[k]	[g]	[ŋ]	

Konsonanten mit Engebildung

Reibelaute	[f]	[v]		
	[s]	[z]		
	[ʃ]	[ʒ]		
	[ç]	[j]		
	[x]			
Affrikate	[pf]			Liquide
	[ts]			[l]
	[tʃ]			
	[ks]			

2.3. Die Prosodie im Deutschen

Das Zusammenspiel von **Intonation** und **Rhythmus** (= Verteilung der Akzente im Satz) ergibt ein Intonationsmuster, das je nach Bedeutung der Aussage unterschiedlich sein kann. Durch steigende Intonation kann z.B. aus dem Aussagesatz *Du kommst mit.* ein Fragesatz gemacht werden, oder er kann auch zum Befehl werden, wenn *kommst* und *mit* gleich stark betont werden. Durch Akzentuierung von *mit* oder *du* kann nochmals die Bedeutung verändert werden (vgl. S. 22). Dieses Zusammenspiel von Intonation und Rhythmus, von betonten und unbetonten Silben in einem bestimmten Intonationsverlauf, bezogen auf eine Sprecheinheit und deren Bedeutung, wird Prosodie genannt. Die prosodischen Elemente werden in den weiteren Ausführungen eine wichtige Rolle spielen (siehe auch 1.3.).

2.3.1. Wortakzent

Der Wortakzent im Deutschen ist ein **Intensitätsakzent**. Er entsteht durch eine Tonerhöhung der akzentuierten Silbe, eine Hervorhebung durch Lautstärke gegenüber den anderen Silben im Wort und durch eine leichte zeitliche Dehnung. Im Gegensatz zu vielen anderen Sprachen befindet sich dieser Akzent nicht auf einer bestimmten, durch eine Regel festgelegten Silbe, z.B. auf der letzten oder vorletzten. Er liegt im Deutschen auf dem Wortstamm (was schon mal die Betonung von Endsilben ausschließt).

Beispiele:

Verantwortung	_ ´— _ _ _ [28]
Schönheit	´— _
kommen	´— _

Der Akzent verändert sich auch nicht, wenn Präfixe, die nicht bedeutungstragend sind, oder Suffixe hinzukommen:

Kleid	´—
bekleiden	_ ´— _
Bekleidung	_ ´— _
Kleidchen	´— _
ärgern	´— _
ärgerlich	´— _ _
verärgert	_ ´— _

Diese Regel wird durchbrochen bei zusammengesetzten Substantiven oder bei Verben mit einem Präfix, das bedeutungstragend ist. Hier trägt die bedeutungskonstituierende Silbe den Akzent. Das ist der Fall bei trennbaren Vorsilben wie:

mitkommen	´— _ _
abfahren	´— _ _
fernsehen	´— _ _
umgehen	´— _ _
durchlaufen	´— _ _

Ausnahmen bilden dabei Verben wie:

durchlaufen	_ ´— _
umfahren	_ ´— _
umgehen	_ ´— _
überqueren	_ ´— _
etc.	

Von solchen Verben abgeleitete Substantive werden ebenfalls je nach Bedeutung entweder auf dem Wortstamm oder auf der Vorsilbe betont:

Abfahrt	´— _
Umgang	´— _
aber: *Umgehung*	_ ´— _

In zusammengesetzten Substantiven wird in der Regel das erste Wort betont, dies ist das Bestimmungswort:

Kinderkleider	´— _ _ _
Taschentuch	´— _ _
Sonnenbrille	´— _ _ _
Leergut	´— _
Großstadt	´— _
Waschmaschine	´— _ _ _

Der Akzent kann jedoch in zusammengesetzten Substantiven wandern, wenn man ein Element hervorheben will, was im Deutschen ohne weiteres möglich ist. Eine Person, die ein *Bücherregal* (´— _ _ _) kaufen möchte, der aber nur ein *Bücherschrank* (_ _ ´—) angeboten wird, wird ihre Betonung ändern und sagen: *Ich möchte aber ein Bücherregal!* (— — — ´—) . Eine *Winterjacke* (´— — — —) wird zur *Winterjacke* (— — ´— —), wenn ich ausdrücken will, daß ich keinen *Wintermantel* (— — ´— —) möchte.

Drei- und mehrgliedrige Zusammensetzungen können auch einen Haupt- und einen Nebenakzent haben:

Da im Deutschen der Phantasie – was die Zusammensetzung von Substantiven anbelangt – (fast) keine Grenzen gesetzt sind, liegt hier für Deutschlerner ein ziemlich großes Problem. Sie neigen dazu, die Wortakzente, die sie kennen, in den zusammengesetzten Substantiven zu übernehmen.

Sie kennen z.B. das Wort *Karte,* behalten die Betonung in dem zusammengesetzten Substantiv *Fahrkarte* bei und betonen dann ´— ´— —. Geht dieses Wort nochmals eine Verbindung ein mit *Schalter* zu *Fahrkartenschalter,* so kann ´— ´— — ´— — entstehen mit drei Akzenten in einem Wort. Sicher kennen Sie solche Probleme aus dem Unterricht. Diese für deutsche Ohren so ungewöhnliche Akzentsetzung läßt sich verbessern, wenn man die Lerner daran gewöhnt, auf den Rhythmus zu achten, ihn zu klopfen oder zu brummen.

2.3.2. Satzakzent

Jeder Sprecher teilt seine Aussage in **rhythmisch-melodische Einheiten** (im folgenden RME genannt) ein, wodurch er seinen Redefluß gliedert. Diese Gliederung erleichtert dem Zuhörer das Verständnis. Die Einteilung einer Aussage in RME und deren Prosodie erfolgt nach bestimmten, für jede Sprache typischen Konventionen (Akzente, Spannung, Intonation, Pausen). Ein Muttersprachler kann das Wesentliche einer Nachricht verstehen, ohne jede einzelne Silbe bewußt hören zu müssen, weil er nach diesen Konventionen hört. Im Deutschen konzentrieren wir uns beim Hören auf die akzentuierten Silben, weil sie Informationsträger sind, und auf die Intonation vor allem am Satzende; dadurch erfahren wir, ob es sich um eine Frage oder eine Aussage handelt.

Eine RME hat mindestens einen **Hauptakzent** und je nach Länge einen oder manchmal auch zwei **Nebenakzente**. (Sie hat auch einen bestimmten Intonationsverlauf: fallend, steigend oder progredient, vgl. 2.3.3.)

Beispiel:

Was ist denn los? (´— — — ´—)
Nichts ist los. (´— — —) *Das ist es ja.* (— ´— — —)

Eine RME kann mit einem Satz identisch sein, muß es aber nicht. Ein längerer Satz – bestehend aus Haupt- und Nebensätzen ist immer in mehrere RME eingeteilt. Je eindringlicher eine Person sprechen will, desto kürzere RME macht sie, denn das bedeutet mehr Akzente und damit schnelleres Erfassen der Information.

Beispiel:

Du kannst nicht erwarten, daß die Zeit stehenbleibt, bloß weil nichts passiert.

$(\underline{}\ \grave{\underline{}}\ \text{—}\quad \underline{}\ \underline{}\underline{}\underline{}\ \underline{}\ \underline{}\ \grave{\underline{}}\ \acute{\underline{}}\underline{}\ \underline{}\ \grave{\underline{}}\ \underline{}\ \underline{}\quad \underline{}\ \acute{\underline{}}\text{—}\ ).$

Alle Silben, die keinen Akzent tragen, befinden sich entweder im **unbetonten Vorlauf** hin zu einer akzentuierten Silbe, im **unbetonten Nachlauf** nach einer akzentuierten Silbe oder in einem **Intonationstal** zwischen zwei akzentuierten Silben. Sie dürfen nicht betont werden, und das fällt den meisten Deutschlernern sehr schwer. Deshalb ist konsequentes Einhören äußerst wichtig.

Beispiele:

Dieter hat sich gestern das neue Buch von Eco   gekauft.

Neben-akzent	Intonationstal		Haupt-akzent	unbet. Nachlauf

Pünktlich um acht   macht Herr Mei - er den La - den   auf.

unbet. Vorlauf	1. Neben-akzent	Intona-tionstal	2. Neben-akzent	Intona-tionstal	Haupt-akzent	unbet. Nachlauf

Je nach Sprechintention kann ein Sprecher die Akzente im Satz verschieden setzen. So ist die bekannte Redensart *Heute so, morgen so!* auf zwei Weisen zu interpretieren:

entweder $\underline{}\ \underline{}\ \acute{\underline{}}\text{—}\ \underline{}\ \underline{}\ \acute{\underline{}}\text{—}$

oder $\acute{\underline{}}\text{—}\ \underline{}\ \underline{}\ \acute{\underline{}}\text{—}\ \underline{}\ \underline{}$

Ein Satz wie *Peter fährt am Mittwoch nach Hamburg.* kann folgendermaßen akzentuiert werden:

Peter fährt am Mittwoch nach Hamburg.

$\grave{\underline{}}\text{—}\underline{}\ \underline{}\ \underline{}\ \grave{\underline{}}\text{—}\ \underline{}\ \underline{}\ \acute{\underline{}}\text{—}\ \underline{}$ (weil er dort etwas zu erledigen hat)

Peter fährt am Mittwoch nach Hamburg.

$\grave{\underline{}}\text{—}\underline{}\ \underline{}\ \underline{}\ \acute{\underline{}}\text{—}\ \underline{}\ \underline{}\ \grave{\underline{}}\text{—}\ \underline{}$ (nicht am Donnerstag)

Peter fährt am Mittwoch nach Hamburg.

$\grave{\underline{}}\text{—}\ \underline{}\ \acute{\underline{}}\text{—}\ \underline{}\ \underline{}\ \underline{}\ \underline{}\ \grave{\underline{}}\text{—}\ \underline{}$ (er geht nicht zu Fuß und fliegt nicht)

Peter fährt am Mittwoch nach Hamburg.

$\acute{\underline{}}\text{—}\underline{}\ \grave{\underline{}}\text{—}\ \underline{}\ \underline{}\ \underline{}\ \underline{}\ \grave{\underline{}}\text{—}\ \underline{}$ (und nicht Klaus)

Peter fährt am Mittwoch nach Hamburg.

$\grave{\underline{}}\text{—}\underline{}\ \grave{\underline{}}\text{—}\ \underline{}\ \underline{}\ \underline{}\ \underline{}\ \acute{\underline{}}\text{—}\ \underline{}$ (nicht nach Köln)

Wenn ein einziger Satz, der aus ganzen sechs Wörtern besteht, je nach Akzentsetzung mindestens fünf Bedeutungen haben kann, so kann man wohl leicht verstehen, warum viele Ausländer, die diese Konventionen nicht berücksichtigen, oft so schlecht verstanden oder auch mißverstanden werden.

Eines dieser Mißverständnisse aus einem Telefongespräch:

Nett, daß du anrufst. Wo bist du zu Hause?

Diese Frage könnte eine momentane Verwirrung beim Hörer am anderen Ende der Leitung hervorrufen, wo er doch weiß, daß der Sprecher sein „Zuhause" recht gut kennt. Es handelt sich jedoch nur um einen Pausenfehler und somit Akzentfehler. Die Frage war so gemeint:

Wo bist du? Zu Hause?

Aus diesen Beispielen soll hervorgehen, wie wichtig es ist, daß Lerner die Prosodie deutscher Sätze von Anfang an mitlernen und automatisieren. Sie vermeiden dann nicht nur Mißverständnisse wie in dem letztgenannten Beispiel, sondern sie kommen auch zu einem ähnlich selektiven Hören wie in ihrer Muttersprache. Das erlaubt ihnen, Informationen schnell zu erfassen und sich aktiv an Diskussionen zu beteiligen, weil sie sich nicht an unbedeutenden Silben und Wörtern festbeißen.

2.3.3. Intonationsverlauf

Zusammengefaßt wird eine RME durch die Intonation. Im Deutschen unterscheiden wir drei Intonationstypen:

* die **fallende** (↘) **Intonation** am Ende eines Aussagesatzes, eines Befehls, einer Wortfrage oder eines Ausrufs

> • *Was ist denn los?* ↘
> ○ *Nichts ist los.* ↘ *Das ist es ja.* ↘
>
> *Bitte, gib mir das Salz!* ↘
>
> *So eine Überraschung!* ↘

* die **steigende** (↗) **Intonation** am Ende einer Satzfrage
> *Kommst du heute Abend?* ↗

* die **progrediente** (weiterführende) (→) **Intonation** am Ende einer RME, wenn der Satz noch nicht abgeschlossen ist, also z. B. vor einem Nebensatz oder am Ende eines Nebensatzes

> *Du kannst nicht erwarten, daß die Zeit stehenbleibt,* →
> *bloß weil nichts passiert.* ↘

Diese recht technisch klingende Definition von Intonation ist meßbar in akustischen Kategorien wie Frequenzen, Druck (Intensität durch Luftstrom) und Lautstärke. In der Sprechrealität haben wir es jedoch vor allem mit der Bedeutung zu tun, mit der Sprechintention, die durch Akzentsetzung und Intonationsverlauf bestimmt wird. So kann je nach Gefühlslage und Kommunikationsabsicht ein Aussagesatz zu einer Frage oder einem Befehl werden:

Sie sind fertig. ↘
Sie sind fertig? ↗
Sie sind fertig! ↘

Es gibt im Deutschen eine große Anzahl an Variationsmöglichkeiten, wenn wir Intonation und Akzentgebung zusammennehmen. Dadurch entsteht eine sehr große, aber nicht unbegrenzte Anzahl von Intonationsmustern – bedingt durch die Sprechintention und das Sprachregister, durch das Verhältnis der Sprecher zueinander und nicht zuletzt auch durch deren Stimmung.

An dieser Stelle möchte ich wieder einmal zu einer kleinen Übung auffordern. Setzen Sie in den folgenden Sätzen Akzente, und geben Sie durch Pfeile den Intonationsverlauf an. Sprechen Sie dann die Sätze in verschiedenen Variationen halblaut vor sich hin:

● *Ist noch Kaffee da?*
○ *Ja, eine Tasse. Aber es ist keine Tasse mehr da.*

Seit wann waren Sie nicht mehr in München?

Dieses Jahr fahren Müllers im Urlaub ans Meer.

Der Brief muß heute noch getippt werden.

Macht's Spaß?

2.3.4. Das Element der Spannung

Spannung kommt dadurch zustande, daß Muskelpartien im Mundraum mehr oder weniger angespannt werden, um einen Laut oder eine Lautverbindung auszusprechen; auf Spannung folgt immer Entspannung. Für den Lerner bedeutet dies aber nicht, daß er wissen muß, welche Muskeln bei welchem Laut angespannt werden. Es geht vielmehr darum, ein Gefühl für dieses Wechselspiel zwischen Spannung und Entspannung zu entwickeln und zu wissen, wo und wie die Spannung sich im Deutschen auf die Aussprache auswirkt. Die Spannung bezieht sich auf Einzellaute, Wörter und auf ganze Sätze.

* Im Wortanlaut ist die Spannung am stärksten, im Auslaut am schwächsten.

* Im Aussagesatz, in der Wortfrage und im Befehlssatz gilt dasselbe wie für Einzelwörter. Am Satzanfang ist die Spannung stärker als am Satzende. Die Intonation in diesen Sätzen ist am Ende immer fallend, und eine fallende Intonation bedingt immer eine entspannte Aussprache. Dies hat auch zur Folge, daß am Satzende alle Wörter oder Laute entspannt gesprochen werden.

Probieren Sie selbst:

Er kann das Rauchen einfach nicht lassen.

im Gegensatz zu:

Kannst du das Rauchen nicht endlich lassen?

Entspannte Laute – hier [a] – lassen sich in fallender Intonation leichter ausspre-
chen, in steigender Intonation ist dies schwieriger.
∗ Bei der Satzfrage steigt die Intonation am Ende des Satzes und dadurch ent-
steht Spannung am Satzende:
Willst du den neuen Umberto Eco nicht lesen?
im Gegensatz zu:
Ach den habe ich schon lang gelesen.
Gespannte Laute – hier [e:] – lassen sich am Ende einer Satzfrage in steigender
Intonation leichter aussprechen, in fallender Intonation ist dies etwas schwieriger.
Haben Sie es ausprobiert?
Dieses Wissen erscheint vielleicht im Augenblick noch etwas theoretisch. Ich
werde aber weiter unten aufzeigen, wie die Aussprache eines Lautes, der eventuell
Probleme bereitet, verbessert werden kann, indem dieser Laut, wie oben [a] oder
[e:], in fallende oder steigende Intonation gebracht wird. Da Spannung und Entspannung wichtige Merkmale der deutschen Vokale sind, werden sie in einer
ihnen optimal entsprechenden Intonationskurve von den Lernern auch besser
wahrgenommen. Dies bietet wiederum die Voraussetzung für eine bessere Aussprache.

2.4.   Die verbo-tonale Methode

2.4.1. Grundlagen der verbo-tonalen Methode

In den bis jetzt gemachten Ausführungen klangen schon einige der Prinzipien an,
die für mich bei der phonetischen Korrektur und Ausspracheschulung wichtig
sind. Sie gründen sich auf die verbo-tonale Methode und orientieren sich an ihren
Entwicklungen.
Ich habe diese Methode bei meiner Einführung in den Daf-Unterricht kennenge-
lernt, und seitdem gehört sie für mich zum Unterrichtsalltag. Ich finde sie in sich
schlüssig, weil sie Ausspracheschulung nicht losgelöst als Einzelerscheinung im
Spracherwerb angeht, nicht das Kognitive vom Emotionalen trennt. Die verbo-
tonale Methode stellt die Grundlage meiner Ausführungen dar, und auch die
Arbeit mit der Kassette ist darauf aufgebaut.

Der Begriff **verbo-tonal** wurde im Französischen gebildet und soll die enge Verbindung zwischen Sprache = Aussage (lat. verbum) und Tongebung zum Ausdruck
bringen. Die Protagonisten der Methode, Professor Petar Guberina und seine
Mitarbeiter in Zagreb, befaßten sich anfangs hauptsächlich mit Französischunter-
richt und arbeiteten eng mit französischen Linguisten und Phonetikern, u.a.
G.Gougenheim und A.Martinet[30], zusammen.
Bei seinen Bemühungen, den Französischstudenten in Zagreb eine möglichst
korrekte Aussprache des Französischen beizubringen, kam Prof. Guberina zu dem
Ergebnis, daß nicht die Aussprache von Einzellauten, sondern Intonation, Rhyth-

mus und Intensität (= mehr oder weniger starke Ausprägung der Akzente) eine wichtige Rolle beim Sprechen spielen. Auf der Suche nach einer Verbesserung der Ausspracheschulung beobachtete er Schauspieler einer französischen Theatertruppe, die in Zagreb französische Stücke aufführten. Mit seinen Mitarbeitern achtete er besonders auf Intonation, Rhythmus und Körpersprache der Schauspieler. Diese Beobachtungen führten zu dem Schluß, daß diese Elemente in der mündlichen Kommunikation, im Dialog, bedeutungstragend sind und mehr Beachtung finden sollten.[31] Er ermunterte seine Studenten zur Nachahmung – mit Erfolg; sie bekamen tatsächlich eine bessere Aussprache. Von da an wurden Intonation, Rhythmus und Körpersprache wichtige Elemente in der Ausspracheschulung.

Professor Guberina arbeitet jedoch nicht nur im Bereich des Sprachunterrichts, sondern auch auf dem Gebiet der Audiometrie. Er gibt sich nicht zufrieden mit den Untersuchungen der klassischen, **tonalen Audiometrie,** die das Hörvermögen mit reinen Tönen[32] testet, welche allerdings nicht der sprachlichen Realität entsprechen. Wenn das Hörvermögen einer schwerhörigen Person mit dieser Methode getestet wird, werden Töne, z.B. Vokale, über Kopfhörer zu Gehör gebracht und immer lauter gesendet, bis die Person durch Handzeichen angibt, daß sie hört. Die Wahrnehmung von reinen Tönen läßt jedoch unberücksichtigt, daß Hören ein struktureller Prozeß ist, daß nicht nur Frequenzen und Lautstärke dazu gehören, sondern auch Dauer und Verständlichkeit. Letztere setzt eine bestimmte, der Person bereits bekannte Lautumgebung voraus. Mit Hilfe all dieser Elemente strukturiert das Gehirn die Information. Es ist z.B. ohne weiteres möglich, daß zwei Personen, die nach einer Untersuchung mit der tonalen Audiometrie dieselben Ergebnisse aufweisen, nicht dieselbe Hörleistung haben. Der tonalen Audiometrie setzt Guberina die **verbo-tonale Audiometrie** entgegen. Anstatt – wie in den Untersuchungen der ersteren – reine Töne auszuwählen und diese ausgehend von 0 Dezibel an immer weiter zu steigern, bis die getestete Person angibt, daß sie hört, wählt er Logatome[33], die von einer natürlichen Stimme gesprochen werden, und läßt nicht punktuelle Frequenzen hören, sondern Frequenzbänder, die mit elektronischen Filtern ausgewählt werden. Beispielsweise:

37,5	–	75 Hz	bru-bru
75	–	150 Hz	mu-mu
150	–	300 Hz	bu-bu
4800	–	9600 Hz	si-si

Man kann auf diese Art und Weise feststellen, in welchem Frequenzbereich bei einem Patienten Defizienzen liegen, und kann die Frequenzbänder, die noch intakt sind, für die Hörschulung heranziehen. Das Neue bei Guberina liegt weniger in den Methoden, die er beim Messen verwendet, als in den Konsequenzen, die er daraus für die Hörschulung zieht. Er verstärkt nicht alle und damit auch die defizienten Frequenzbereiche – in der Überzeugung, daß nicht die Intensität die Hörbarkeit ausmacht und daß die Hörbarkeit allein nicht Verstehen bewirkt. Im Gegenteil: Die defizienten Bereiche schaltet er durch eine Serie von Filtern aus und stimuliert den Hör- und Sprechvorgang auf der Basis der gesunden Frequenzbereiche. Zu diesem Zweck hat er verschiedene Apparate entwickelt, die SUVAG.[34] Mit solchen Apparaten kann der Hörbereich eines Patienten bestimmt und somit für ihn eine individuelle Hörprothese hergestellt werden, die nicht nur die Laute verstärkt, sondern mit der Auswahl von Frequenzbändern – in der Regel tiefe Frequenzen – und der Dauer der Übertragung arbeitet.[35]

Inzwischen gibt es viele verschiedene Varianten, vom einfachen SUVAGlingua für den Sprachunterricht bis zu ausgefeilten Apparaten, die in der Arbeit mit Schwerhörigen in Jugoslawien, vor allem in Zagreb und in Frankreich, Belgien, Italien, Spanien und den USA eingesetzt werden. Auch in der Bundesrepublik arbeitet eine Logopädin in Freiburg mit gutem Erfolg damit.[36]

Die Situation der Hörgeschädigten läßt sich auch auf das Lernen einer neuen Sprache übertragen. Das Ohr eines erwachsenen Fremdsprachenlerners ist sozusagen taub gegenüber den Lauten der neuen Sprache, Guberina spricht sogar vom **„pathologischen Ohr"** eines Fremdsprachenlerners.

Beispiel:

Ein französischer Muttersprachler kennt den deutschen [ç]-Laut in seiner Muttersprache nicht und spricht einen Laut, der in seiner Muttersprache existiert, nämlich [ʒ]. Er gleicht den unbekannten Laut einem bekannten an. Dieser ist jedoch zu entspannt und hört sich für Deutsche an wie [ʃ], da es im Deutschen das stimmhafte [ʒ] nur in Fremdwörtern gibt. [ç] hat einen größeren Anteil an hohen Frequenzen als [ʃ]. Durch eine Art „Überspannung", d.h. Zugabe von mehr hohen Frequenzen als im deutschen [ç] üblich (fast zu [s] übergehend), kann für einen Franzosen der Laut hörbar und damit auch nachsprechbar gemacht werden. In Kursen mit überwiegend frankophonen Deutschlernern begegnet mir öfter die völlig ernstzunehmende Frage: „Was ist nun richtig? „[iʃ] gehe" oder „[iç] gehe"? Die Frage zeigt, daß eine gewisse Sensiblisierung bereits vorhanden ist, daß aber dennoch Unsicherheit herrscht beim Hören.

Durch Verändern der Anteile an hohen oder tiefen Frequenzen – je nach „Hörproblem" – können Sprachlerner also für die Laute der Zielsprache sensibilisiert werden.

Für den Sprachunterricht läßt sich Folgendes ableiten:

Laut Prof. Guberina ist also das Ohr eines Fremdsprachenlerners als ein pathologisches Ohr zu sehen. Er will damit sagen, daß jeder, der eine neue Sprache lernt, auch neue Lautbilder lernen muß, die sich von denen seiner Muttersprache unterscheiden. Wir wissen, daß Neugeborene in der Lage sind, alle Sprachen der Welt zu lernen (s. 1.3.), und daß es auf die Lautmuster ankommt, von denen sie am Anfang umgeben sind, welche Sprache sie lernen. In allen Sprachen ist das erste Wort, das Kinder sprechen, eine Zusammensetzung aus einem Explosivlaut und dem Vokal [a], was „tata" oder „papa" oder manchmal auch „mama" ergibt. Es ist die Umgebung, die das Wort interpretiert, für das Baby ist die Bedeutung noch multifunktional: Es kann bedeuten „ich habe Hunger", „ich bin zufrieden", oder es kann eine Reaktion auf die Ansprache von Erwachsenen sein. In der weiteren Entwicklung bildet sich im Gehirn des Kindes ein System von Lauten heraus, das für die jeweilige Sprache typisch ist: Die Laute haben bestimmte Qualitäten und Quantitäten, denen wiederum Bedeutungen zugeordnet werden. Es entwickelt sich ein **phonologisches Raster,** wie Trubetzkoy[37] es genannt hat, d.h., den Laut einer Sprache zu hören bedeutet nicht nur, daß man ihn registriert, man muß ihn auch identifizieren, entschlüsseln, dem phonologischen System, dem er angehört, zuordnen und seine Funktion in diesem System erkennen. Trubetzkoy schreibt dazu in *Grundzüge der Phonologie*[38]: „Das phonologische System einer Sprache ist gleichsam ein Sieb, durch welches alles Gesprochene durchgelassen wird. Haften bleiben nur jene lautlichen Merkmale, die für die Individualität der Phoneme relevant sind. Alles übrige fällt hinunter in ein anderes Sieb, wo die appellrelevanten lautlichen Merkmale haften bleiben, noch tiefer liegt wiederum ein Sieb... Jeder Mensch gewöhnt sich von Kindheit an, das Gesprochene so zu analysieren, und diese Analyse geschieht ganz automatisch und unbewußt. Dabei ist aber das System der Siebe, das eine solche Analyse ermöglicht, in jeder Sprache anders gebaut."

Die Entwicklung dieses muttersprachlichen Rasters ist erfahrungsgemäß bei den meisten Menschen im Alter von 16 Jahren soweit gefestigt, daß neue fremdsprachliche Laute den in der Muttersprache vorhandenen angeglichen werden oder, wenn sie in der Muttersprache nicht existieren, gar nicht wahrgenommen werden. Dies ist, wie ich weiter oben ausgeführt habe, der Grund für Aussprachefehler. Kinder, die zwei- oder mehrsprachig aufwachsen, haben es deshalb oft leichter, eine neue Sprache hinzuzulernen, weil ihr phonologisches Raster bereits mehrere unterschiedliche Lautbilder erkennt. Erwachsene Lerner müssen beim Erlernen einer fremden Sprache ein intensives Hörtraining betreiben.
Um das Einhören in die neue Sprache zu erleichtern, entwickelte Guberina den SUVAGlingua[39] für den Sprachunterricht. Bevor ich seinen Einsatz beschreibe, möchte ich an dieser Stelle noch folgende Erkenntnisse aus der Audiometrie zusammenfassen, weil sie für den Sprachunterricht interessant sind:

* Das menschliche Ohr kann je nach Alter Frequenzen bis zu 20000 Hz wahrnehmen, nimmt in der Realität jedoch bis ca. 16000 Hz wahr. Mit zunehmendem Alter wird die Fähigkeit, hohe Frequenzen wahrzunehmen, geringer.
* Der Hauptfrequenzbereich eines normalen Gesprächs liegt in allen Sprachen zwischen 300 Hz und 3000 Hz.
* Wir hören nicht nur mit den Ohren. Schwingungen zwischen 250 Hz und 4000 Hz werden auch über die Knochen aufgenommen und an das Gehirn weitergeleitet, Schwingungen unter 800 Hz auch über das Nervensystem. Wir hören also mit dem ganzen Körper. Gehörgeschädigte können so mit Hilfe von Vibratoren an den Händen und Bewegungsübungen hören und sprechen lernen.[40]
* Alle Vokale finden sich in allen Sprachen wieder, nur auf unterschiedlichen Tonhöhen und in unterschiedlicher Intensität. Alle Vokale zeigen ein Spektrum auf, das sich über die Frequenzen von 0 – 20000 Hz erstreckt. Es gibt jedoch für jeden Laut ein optimales Frequenzband (zwischen 150 und 300 Hz hören wir z.B.

[u]), das begleitet wird von höheren oder tieferen Frequenzen in unterschiedlicher Intensität, die den Laut für jede einzelne Sprache definieren. Das erklärt
auch, warum Aussprachefehler von den Sprechern selbst oft nicht wahrgenommen werden; sie hören und sprechen jeweils die Ausformung des Vokals, wie er
in ihrer Muttersprache bereits vorhanden ist.

* Jeder Laut einer Sprache hat eine optimale Frequenzbreite, innerhalb der er als
solcher von einem Muttersprachler identifiziert wird. Für die Vokale läßt sich
grob folgendes System herausfiltern:

> zwischen   150 und   300 Hz hören wir [u]
> zwischen   300 und   600 Hz hören wir einen Zwischenton
>   zwischen [u] und [o]
> zwischen   400 und   800 Hz hören wir [o]
> zwischen   600 und 1200 Hz hören wir [ɔ] (offenes o)
> zwischen   800 und 1600 Hz hören wir [a]
> zwischen 1200 und 2400 Hz hören wir [ɛ]
> zwischen 1600 und 3200 Hz hören wir [e]
> zwischen 2400 und 4800 Hz hören wir [ɪ] (offenes i)
> zwischen 3200 und 6400 Hz hören wir [i:][41]

Wie bereits unter 2.2.1 erwähnt, treten jedoch die Laute nie in dieser reinen Form
auf. Sie kommen je nach Ausgangssprache, Lautumgebung, Stellung im Satz
(betont oder unbetont) immer leicht verändert vor: Es gibt z.B. den Laut [o] im
Deutschen und Französischen. Unser Familienname *Cauneau* wird [konʼo] ausgesprochen, oft bekommen wir jedoch Post mit der Aufschrift *Kuno* o.ä. Das erste
der beiden [o] ist unbetont, aber geschlossen und wird von deutschen Muttersprachlern als [u] identifiziert, weil es in dieser unbetonten Stellung ungewohnt
ist. Dazu kommt, daß *Kuno* eine für deutsche Ohren gängige Lautverbindung ist.
Das Gehirn strukturiert das Gehörte und gleicht hier unbetontes, geschlossenes,
gespanntes aber nicht sehr lang gesprochenes [o] einem deutschen [u] an, weil es
ein Wort mit dieser Verbindung wiedererkennt, nämlich *Kuno*.
Man kann sich gut die Schwierigkeiten der Lerner vorstellen, Laute zu identifizieren und zu produzieren, die sie neu oder in einer ungewohnten Umgebung hören.

Die Arbeit mit dem SUVAGlingua

Das Hörtraining mit dem SUVAG für den Sprachunterricht basiert auf der Auswahl
bestimmter Frequenzbänder, die gesendet werden. Angeschlossen an einen Tonträger, auf dem Dialoge oder andere Hörtexte aufgenommen sind, kann zunächst
das Frequenzband zwischen 20 und 320 Hz gehört werden, genannt **canal grave.**
Diese tiefen Frequenzen übertragen vor allem Intonation und Rhythmus. In einem
weiteren Schritt werden alle Frequenzen über 3200 Hz gesendet; dieser Ausschnitt
wird **canal aigu** genannt. Hier werden alle Laute, die einen großen Anteil an hohen
Frequenzen haben, besser wahrgenommen, z.B. [s] oder [i:]. Als nächstes werden
„canal grave" und „canal aigu" zusammen gesendet, und zwar unter Auslassung
der Frequenzen zwischen 320 Hz und 3000 Hz, die das Frequenzband darstellen, in

dem Unterhaltung stattfindet und in dem die größte Verwechslungsmöglichkeit mit Lauten der Muttersprache liegt. In einem nächsten Schritt werden in der **ligne générale** die Frequenzen zwischen 475 Hz und 750 Hz mit den Frequenzen zwischen 3400 Hz und 5000 Hz zusammengefaßt. Dies hört sich wie eine „bereinigte" Sprache an, weil auch hier zum größten Teil die Frequenzen zwischen 300 Hz und 3000 Hz, wo es zu den größten Hörverwechslungen kommt, ausgeschaltet sind. Zum Schluß wird auch das letzte Frequenzband dazugeschaltet, und der Text kommt im **canal directe** vom Band.

Dieses sukzessive Einhören sensibilisiert sowohl für Intonation und Rhythmus (canal grave) als auch für Einzellaute, die von denen der Muttersprache abweichen. So sind vor allem Laute, die einen großen Anteil an hohen Frequenzen haben, wie [i], [e], [s] und [ʃ], bei der Sendung über 3000 Hz gut zu hören.

Auf der Kassette, die das Buch begleitet, wird ein Teil dieser Prinzipien realisiert: Manche Minidialoge sind zuerst im Frequenzband der tiefen Frequenzen zu hören (canal grave); dadurch werden Intonation und Rhythmus deutlich hörbar. Darauf folgt der Dialog in der ligne générale. Diese Version ist erfahrungsgemäß leicht zu verstehen. Im Anschluß daran folgt der Dialog in ganzer Frequenzbreite.

2.4.2. Die verbo-tonale Methode im Sprachunterricht

Die verbo-tonale Methode wurde ein tragender Bestandteil von audio-visuellen Sprachlehrmethoden in Frankreich, Jugoslawien und Belgien, deren Prinzipien P.Guberina[42] in einem Aufsatz zusammengefaßt hat und die unter der Abkürzung SGAV bekannt geworden sind. Weiterverfolgt wurden diese Arbeiten auch von Raymond Renard, der am Centre International de Phonéthique Appliquée in Mons arbeitet,[43] und Paul Rivenc sowie vielen Mitarbeitern in Zagreb und am CREDIF in St. Cloud.[44]

Leider wurde der Aspekt der Phonetik bei der Rezeption dieser audio-visuellen Methoden im deutschsprachigen Raum – vor allem in der BRD – nicht gesehen und dadurch auch nicht bekannt. In den letzten Jahren ist man sich jedoch bewußt geworden, daß auf dem Gebiet der Ausspracheschulung im kommunikativen und lernerzentrierten Unterricht einiges versäumt worden ist. Diese Erkenntnis bewirkte, daß neuere DaF-Lehrwerke wie *Stufen* und *Sprachbrücke* (beide Klett-Edition Deutsch) ein Übungsprogramm zur Phonetik enthalten, daß auf der Jahrestagung Deutsch als Fremdsprache des DAAD '89 in Karlsruhe die Phonetik einen großen Raum einnahm und daß Lehrer in Lehrerfortbildungsveranstaltungen dieses Thema immer wieder ansprechen und nach Rezepten fragen.

Das Dilemma der Unterrichtenden ist nicht zuletzt in der Umsetzung der Theorie in die Praxis zu suchen. Die Rolle des vorliegenden Büchleins soll es sein, praktische Anregungen zu geben, wie man mit Hilfe der verbo-tonalen Methode und mit ein paar theoretischen Grundkenntnissen Ausspracheschulung interaktiv im Sprachunterricht durchführen kann.

Zusammenfassung der wichtigsten Punkte:

* Im Kontakt mit dem Lautsystem einer neuen Sprache reagiert das normale Ohr wie das pathologische. Es nimmt Laute wahr, und das Gehirn strukturiert und interpretiert diese zunächst nach den Gesetzen der Muttersprache oder bereits bekannter Sprachen; daher kommt es zu Aussprachefehlern. Der Lerner muß sich also erst in die Sprache einhören.

* Die verbo-tonale Methode bedient sich wesentlicher Elemente, die das akustische Ganze der Sprache bestimmen: Intonation, Rhythmus, Pausen und Spannung. Diese prosodischen Elemente haben bei der Ausspracheschulung den Vorrang vor dem Üben von Einzellauten.

* Wir hören nicht nur über die Schwingungen, die an unser Trommelfell gelangen, sondern unser ganzer Körper empfängt Frequenzen sowohl über das Knochensystem als auch über das Nervensystem. So können Gehörgeschädigte mit Hilfe von Vibratoren an den Händen hören.

* Es gibt für jede Sprache optimale Hörfelder. Jeder Laut enthält zwar alle Frequenzen, aber die Verteilung von Höhen und Tiefen ist bei verschiedenen Lauten einer Sprache unterschiedlich. So entsteht für jeden Laut ein optimaler Frequenzbereich, der in Verbindung mit Intensität und Dauer für jede Sprache charakteristisch ist. Manchmal liegen diese Hörfelder im Frequenzbereich nahe zusammen oder überschneiden sich, unterscheiden sich aber in Dauer, Intensität und Anteil an hohen und tiefen Frequenzen, wie z.B. das französische [a] und das deutsche [ɑ] oder das persische [ɑ], das mehr tiefe Frequenzen enthält als das deutsche.

* Die Form der Sendung ist wichtiger als die Lautstärke. Lautes Sprechen trägt nicht etwa zum besseren Verstehen bei, im Gegenteil. Beim lauten Sprechen werden alle Frequenzen in gleicher Lautstärke gesendet, und die Gefahr der Verwechslung der verschiedenen Hörfelder ist größer. Wenn ein Lerner nicht versteht, ist es also nicht sehr sinnvoll, den nicht verstandenen Satz noch einmal lauter zu wiederholen. Nuanciertes – aber deshalb nicht unnatürlich langsames – Sprechen, bei dem Akzente und Spannung besser zum Tragen kommen, ist bedeutend hilfreicher. Manchmal kann es sogar sehr wirkungsvoll sein zu flüstern, da dann einerseits die Lerner aufmerksamer zuhören und andrerseits die verwirrenden Frequenzen (zwischen 300 und 3000 Hz) zum Teil ausgeschaltet werden. Dadurch können auch Eigenheiten der deutschen Sprache wie Spannung und Aspirierung besser wahrgenommen werden.

* Hören ist kein kontinuierlicher sondern ein diskontinuierlicher Vorgang, denn es funktioniert aufgrund der Auswahl von Strukturelementen (Akzente, Pausen, Intonation), die eine Rede gliedern. Es ist unglaublich, wie viele akustische Stimuli unser Gehirn zur gleichen Zeit aufnehmen und verarbeiten kann. Dies ist nur möglich, weil Hören nicht linear erfolgt sondern strukturell.
  Hören ist auch ein diskontinuierlicher Prozeß im Sinne der Modulation der Töne: Nur weil Töne in Form von Schwingungen auf unser Ohr, unseren Körper treffen, können wir sie hören, und die dauernde Veränderung stimuliert die Wahrnehmung. Hätten wir es mit einem Ton zu tun, der seine Schwingungen nicht verändert, würden wir ihn nach kurzer Zeit nicht mehr hören.

3.
Methoden der phonetischen Korrektur

3.1. Die artikulatorische Methode

In vielen Beiträgen zur phonetischen Schulung oder zur Logopädie und auch in DaF-Lehrwerken[45] findet man einen menschlichen Schädel abgebildet, in dem alle „Sprechwerkzeuge" eingezeichnet sind. Die Aufgabe des Lehrers würde nun darin bestehen, dem Lerner zu zeigen und zu erklären, an welcher Stelle im Mundraum und mit welchen Sprechwerkzeugen ein Laut gebildet wird. Sicher ist die Feststellung richtig, daß verschiedene Laute in verschiedenen Sprachen unterschiedliche Artikulationsstellen haben. Das amerikanische [r] wird viel weiter hinten im Mundraum gebildet als das deutsche, oder man denke an das englische [θ], bei dem Zähne und Lippen anders zueinander stehen als beim deutschen [d] oder [t]. Arabische Sprachen enthalten Konsonanten, die guttural – also im hinteren Rachenraum – gebildet werden. Der Verschlußlaut, der im Deutschen am weitesten hinten im Rachenraum angesiedelt ist, ist der [x]-Laut.

Wie aber verwendet man dieses Wissen bei der Ausspracheschulung mit Sprachlernern, die in der Regel anfangen, die deutsche Sprache zu lernen? Zunächst ist es ziemlich mühselig für sie, zusätzlich zu anderen Schwierigkeiten, sich auch noch das Vokabular für diese Beschreibungen anzueignen; es handelt sich dabei um eine weitere Metasprache, die auf jeden Fall vermieden werden sollte. Der allergrößte Nachteil liegt aber darin, daß die Rolle der Wahrnehmung, des Hörens, bei diesem Vorgehen völlig vernachlässigt wird. Was nützt es den Sprachlernern, wenn sie wissen, wo und wie ein Laut gebildet wird, ihn aber nicht hören. Ich bin sogar der Meinung, daß es oft nicht einmal auf die richtige Artikulationsstelle ankommt, sondern darauf, daß jemand den Laut in der Zielsprache so hervorbringt, daß Muttersprachler ihn identifizieren können. Ob dies immer nach klaren, logopädisch vorgegebenen Regeln passiert, möchte ich dahingestellt sein lassen. Aus meiner Unterrichtserfahrung würde ich eher behaupten, daß es vor allem auf das Bewußtsein ankommt, daß die Aussprache anders ist als in der Muttersprache oder anderen bekannten Sprachen, daß es einer gewissen Umstellung bedarf und daß die Lerner in der Anfangsphase sich selbst dazu anhalten sollten, den Mund etwas weiter als gewöhnlich aufzumachen, ohne sich dabei zu genieren. Dies mag banal klingen, aber es ist meiner Erfahrung nach die beste Voraussetzung dafür, neue Artikulationsstellen selbst zu erfahren, und bewirkt mehr als die schönsten und buntesten Schaubilder oder die genauesten Erklärungen. Ein Beispiel für solche Erklärungen ist folgendes:

„Bildungsweise des [p]: Die gering vorgestülpten Lippen liegen aufeinander und bilden einen intensiven Verschluß (Lippen nicht breitspannen und zusammenpressen). Der Zahnreihenabstand ist gering. Der vordere Zungenrand hat Kontakt mit den lingualen Flächen der unteren Frontzähne; die seitlichen Zungenränder berühren die lingualen Flächen der seitlichen unteren Zähne; der Zungenrücken ist flach gewölbt, keine Berührung zwischen Zungenoberfläche und hartem oder weichem Gaumen. Das gehobene Gaumensegel schließt den Nasenweg ab. Der mit intensiver Artikulationsspannung gebildete und gehaltene Lippenverschluß wird sprenglautartig (Fortis), stets stimmlos und mit positionsabhängiger sowie sprechsituativ bedingter Behauchung aktiv gelöst."[46] Nun richtet sich das vorliegende Werk nicht an ausländische Sprachlerner, aber solche Beschreibungen können auch schon Lehrer abschrecken und nur ein Bruchteil davon schon Sprachlerner.

Ein weiterer sehr wichtiger Aspekt bleibt bei dieser Art von Ausspracheschulung völlig unberücksichtigt: Intonation und Rhythmus, die ja wesentliche Informationsträger sind, werden vernachlässigt oder müssen getrennt geübt werden. Welche Hilfe ist denn ein korrekt ausgesprochenes [p], wenn die Aussage ansonsten unverständlich wird, weil sie zu viele Akzente enthält und diese auf den falschen Silben vorkommen? Auf einen Muttersprachler wirkt dies eher verwirrend.

Aus Erfahrungsberichten von Kollegen kann ich hinzufügen, daß die Arbeit mit Artikulationsstellen sehr zeitaufwendig ist, und da Zeit in jedem Sprachunterricht eher knapp ist, könnte man sie sinnvoller nutzen, indem man Sprache nicht in Einzelteilen – also in Form von einzelnen Lauten – sondern als Ganzes behandelt. Außerdem besteht bei dieser Methode die Gefahr, daß manche Lehrer schnell aufgeben und gar keine Ausspracheschulung mehr machen, weil der Aufwand zu groß und der Erfolg nicht leicht zu erkennen ist.

Alles in allem betrachtet, ist jedoch nicht auszuschließen, daß es manchmal nützlich sein kann, als zusätzliche Hilfe das Ertasten einer bestimmten Artikulationsstelle vorzumachen und die Lerner dazu anzuregen, es selbst auszuprobieren. Wenn [ç] zu [ʃ] wird, kann es helfen, den Zeigefinger unter das Kinn zu drücken, während man den Satz *Ich habe Hunger.* spricht. Das erleichtert, die Spannung zu erzeugen, die man bei [ç] braucht, weil die Zunge leicht an den Gaumen gedrückt wird. Zugleich wird dadurch die Aussprache von [ŋ] in *Hunger* gefördert. Ähnlich kann man die Rundung von Vokalen [y] oder [ʏ] mit der Lippenstellung anzeigen; aber nach Möglichkeit nicht isoliert, sondern in Verbindung mit Nachbarlauten, denn diese helfen manchmal viel mehr als nur das Zeigen von bestimmten Stellen an Lippen und im Mundraum. Die Aussprache des obengenannten [p], das von vielen Sprachlernern nicht aspiriert wird, kann dadurch verbessert werden, indem man die Hand vor den Mund hält und den Hauch spüren läßt.

3.2. Phonologische Oppositionen

Das System der phonologischen Oppositionen beschreibt den Vergleich von Lautgegensätzen in inhaltlich verschiedenen Wörtern. Das ganze Phoneminventar einer Sprache läßt sich so ermitteln.

Im Sprachunterricht bedeutet dies die Gegenüberstellung von Wörtern, die sich lautlich in einem Phonem unterscheiden, wie

Kasse – Masse
Quelle – Qualle
Reif – Reis
Rasen – Rassen
lieben – Lippen
Staat – Stadt etc.

Zum Lehrwerk *Stufen*[47] (Band 1–3) haben die Autoren ein umfangreiches Übungsprogramm entwickelt, das sich sehr intensiv mit phonologischen Oppositionen beschäftigt; Übungen zur deutschen Satzintonation schließen sich diesen an. Das Programm ist sehr verdienstvoll und gibt viele Anregungen, denn bis dahin wurde die Phonetik eher nebenbei und – wie schon erwähnt – eher stiefmütterlich behandelt. Ein großer Teil dieses Übungsprogramms besteht jedoch leider in der Übung von Minimalpaaren, in denen phonologische Oppositionen zu Gehör gebracht und auch mit Hilfe von Logatomen eingeübt werden. Sie sollen als Diskriminierungshilfen unterschiedliche Laute besser hervorheben. Auf S. 107 des Lehrerhandbuchs zu *Stufen 1* erklären die Autoren die Arbeit mit diesen Übungen: „Die relativ große Zahl der Übungen zu den segmentalen Phonemen anhand von Minimalpaaren ist als Angebot zu verstehen, das jeweils nur in Teilen – je nach Zusammensetzung der Lernergruppe – eingesetzt zu werden braucht. ... Wir sehen den Wert dieser Übungen in der Schärfung des Diskriminationsvermögen in bezug auf das zielsprachliche Lautsystem, was nicht nur nach unseren Erfahrungen eine wichtige Vorbedingung für eine erfolgreiche korrektive Phonetik darstellt." Rausch/Rausch unterscheiden in ihrem Lehr- und Übungsbuch *Deutsche Phonetik für Ausländer* phonetisches und phonematisches Hören: „Das phonematische Hören ist die mit dem Spracherwerb verbundene Fähigkeit, die bedeutungsdifferenzierenden Kriterien hörend zu erfassen und auf ihrer Grundlage das Ergebnis der Analyse mit einer Bedeutung zu verknüpfen." Weiter unten schreiben sie: „Das Ergebnis des phonematischen Hörens muß dem Studenten immer wieder abverlangt werden. Nur das eindeutige Zuordnen ist Hinweis auf die Tatsache, daß sich im akustischen Gedächtnis des Studenten eine Klangvorstellung entwickelt hat, die mit der eines Muttersprachlers vergleichbar ist."[48]

Sicher ist die Grundidee solcher Übungen nicht von der Hand zu weisen; wie ich auf S. 16 ff. und S. 38 ff. beschrieben habe, ist ja falsches Hören auch der Grund für Aussprachefehler. Dennoch habe ich mit den dargestellten Übungsformen meine Probleme: Einerseits dürfen wir den Lernern nicht zuviel abverlangen – für Erwachsene kann das Lernziel in der Aussprache nicht Vergleichbarkeit mit Muttersprachlern sein, auch wenn hier nur von „Klangvorstellungen" gesprochen wird. Andrerseits sind diese Übungen größtenteils kontextlos, die Information über die unterschiedlichen Phoneme ist ein Detail, das – um mit Frederic Vester zu sprechen – kein Skelett hat, in das es sich eingliedern kann, denn es fehlen Anwendungsbeispiele und Assoziationsmöglichkeiten, die die Verankerung im Gehirn fördern. Es fehlen bei Übungen mit Minimalpaaren auch affektive Komponenten, die beim Sprechen doch eine bedeutende Rolle spielen, sowie Redeintention, Zuhilfenahme von Gestik und Mimik und schließlich das Einbinden einer solchen Übungsreihe in einen Kontext, der dazu beiträgt, die akustischen Merkmale im Gehirn besser zu speichern. Frederic Vester schreibt dazu in den *13 Regeln zur Lernbiologie:*

5. Skelett vor Detail
„Größere Zusammenhänge hängen selbstredend immer irgendwie mit der alltäglichen Erlebniswelt, also mit Vertrautem zusammen. Eine solche Information ist daher im Gegensatz zu den Details nie allzu fremd. Sie wird sich eher auf vielen Ebenen im Gehirn verankern können und ein empfangsbereites Netz für später angebotene Details bieten, so daß diese „saugend" aufgenommen werden."[49]
Am besten lassen sich Unterschiede von langen oder kurzen Vokalen oder andere phonologische Unterschiede im Anschluß an konkrete Ausspracheprobleme, an Fehlern deutlich machen. Dann genügt es, eine kurze Sequenz zu üben, die das eben aufgetretene Ausspracheproblem behandelt, z.B. *Seite – Zeitung, seit – Zeit, leise – heizen* etc.
So ist der Bezug zwischen Fehler und Hör-/ Ausspracheproblem hergestellt. Wenn die Einübung von Minimalpaaren in einer separaten Übungssequenz geschieht, müssen die jeweiligen Laute nach dem diskriminierenden Hören und Nachsprechen immer wieder in einen Kontext gebracht werden, wenn die Übung Erfolg haben soll. Diese Art der Übung erinnert sonst ein wenig an Sprachlaborübungen, bei denen die Teilnehmer die Grammatik im Sprachlabor fehlerfrei beherrschen, außerhalb des Sprachlabors aber in ihre alten Fehler verfallen.
Sinn und Erfolg von Übungssequenzen zu phonologischen Oppositionen sehe ich eher in der Arbeit mit fortgeschrittenen Lernern. Auch sie haben sehr oft noch Ausspracheprobleme bei der Unterscheidung zwischen langen, gespannten und kurzen, entspannten Vokalen, und bei ihnen sind die Aussprachefehler in der Regel auch schon sehr eingeschliffen. Sie können diese Gegenüberstellungen gut kognitiv verarbeiten und verfügen bereits über ein bestimmtes Wortschatzinventar, mit dem sie eine Bedeutung verbinden. Man ist also im Unterricht nicht auf die Arbeit mit Kunstwörtern, Logatomen, angewiesen, wie so oft in Phonetikprogrammen für Anfänger vorgeschlagen wird, sondern kann während der phonetischen Arbeit auf bekannte Wörter zurückgreifen.

3.3.   Die verbo-tonale Methode

3.3.1. Sprechen als komplexe Tätigkeit

Da die verbo-tonale Methode der zentrale Ansatzpunkt meiner Arbeit ist, habe ich sie bereits in Kapitel 2 vorgestellt.
Im Gegensatz zu den vorweg genannten Methoden haben ihre Vertreter auch eine

Pädagogik der Ausspracheschulung entwickelt.[50] Für sie ist die Phonetik ein integraler Bestandteil des Spracherwerbs und der Sprachvermittlung innerhalb eines globalen Ansatzes von Sprachenlernen.

Dazu stellt Hélène Trocmé folgendes fest: „Der Mensch braucht beim Sprechen alle seine Fähigkeiten: Der geringste Ton, der geringste Ausruf, das geringste Wort verlangen den Einsatz des ganzen Individuums, sowohl physisch als auch psychisch und affektiv, den Einsatz von Phantasie..."[51]

Sprechen ist also keine isolierte Teilfertigkeit – wenn es oft auch bei Benotung und in Lehrwerkabschnitten so aussehen mag – sondern ein sehr komplexes Handeln, bei dem der ganze Körper beteiligt ist:

* Die Ohren leiten Gehörtes an das Gehirn weiter und geben somit Impulse für neues Sprechen.
* Das Gehirn strukturiert Gehörtes und steuert die Sprechorgane, die Muskeln zur Atemgebung.
* Die Hände sorgen für die Gestik.
* Die Beine unterstreichen den Rhythmus (was leider oft unterdrückt wird oder sonst irgendwie abhanden gekommen ist, weil man ja gelernt hat, sich still zu halten).
* Die Gesichtsmuskeln sind nicht nur für die Artikulation sondern auch für die Mimik sehr wichtig.
* Die Augen – nicht zu vergessen – halten während eines Gesprächs den Kontakt zum Gesprächspartner.

Daraus ergibt sich auch für die Ausspracheschulung ein ganzheitliches Vorgehen, vom Globalen zum Detail, von der Intonation zum Einzellaut, vom Hören über das Brummen zum Sprechen.

3.3.2 Hören – Brummen – Sprechen

Über Hören und Sprechen ist bis jetzt viel gesagt worden. Der Schritt vom einen zum anderen ist jedoch nicht einfach und ist leichter zu realisieren über einen Zwischenschritt, eine Art Brücke, das **Brummen:**

* Brummen bedeutet ein Aneinanderreihen von tiefen Frequenzen. Wenn wir einen Satz brummen, so werden dabei vor allem akzentuierte Silben hervorgehoben, weil sie lauter gebrummt werden; außerdem tritt beim Brummen die Sprachmelodie stärker hervor (s. Funktion des „canal grave", S. 40).
* Brummen läßt die Stimme in den Brustkorb absinken; dadurch entwickelt sich ein Gefühl für die Regulierung des Atems beim Sprechen einer bestimmten Sequenz.
  (Sie können es selbst ausprobieren: Brummen Sie ein paar Sätze vor sich hin, und fühlen Sie dabei die Bewegung im Bereich der Rippen.)
* Brummen setzt die rechte Gehirnhälfte in Aktion: Es entsteht ein melodisches Lautbild, dem die analytischen Einzelteile aus den Sprachzentren der linken Gehirnhälfte zugeordnet werden können.

Somit kann Brummen dazu beitragen, verschiedene Fähigkeiten des Menschen gleichzeitig zu aktivieren und einer rein kognitiven Aneignung von Sprache entgegenzuwirken.

Brummen im DaF-Unterricht mag zunächst belächelt werden. Es wird jedoch allgemein in der Ausspracheschulung inzwischen akzeptiert, daß die Intonation für eine gelungene Aussprache und somit Kommunikation sehr wichtig ist.[52] Brummen kann sowohl in der Phase der Sensibilisierung, des Einhörens oder der phonetischen Korrektur eingesetzt werden.

Eine Vorübung als Sensibilisierung:

Zwei Teilnehmer setzen sich Rücken an Rücken mit der Aufgabe, einen „Brummdialog" zu führen. Während dieser Übung spüren die Lerner das Absinken der Stimme bei sich selbst und dem jeweiligen (Brumm)Partner, der Brustkorb vibriert. Nach einer Zeit des Ausprobierens und Einbrummens werden Akzentuierung und Intonationsverläufe deutlich, und die Teilnehmer variieren ihre Akzentgebung und teilen Stimmungen mit. Bei der anschließenden Auswertung kann man feststellen, daß die Partner sich auf eine gewisse Weise verstanden haben. Sie äußern sich etwa folgendermaßen: „Sie hat mich immer nur gefragt." oder „Er hat mir nicht geantwortet." oder „Sie war böse." oder „Sie hat nur Befehle erteilt." etc. Meistens sind diese Ergebnisse für die Lerner selbst sehr aufschlußreich, weil sie bei dieser Übung spüren, daß sie sich über Intonation und Rhythmus bereits Intentionen mitteilen können, ohne Wörter zu benützen.

Bei der Ausspracheschulung kann nun das Brummen bewußt als Übergang zwischen Hören und Sprechen eingesetzt werden. Es ist für Sprachlerner eine große Erleichterung, wenn eine Sequenz, z.B. ein Frage-/Antwortpaar, das vom Tonband kommt, nicht sofort nachgesprochen werden muß, sondern erst gebrummt werden darf. So hören und empfinden sie die Melodie vor den Wörtern; sie bekommen einen Eindruck von Akzenten, von der Silbenanzahl über den Rhythmus und von der Intonation. Durch das Brummen werden Hörmuster geprägt, die das Sprechen erleichtern. Diese Hörmuster werden später aber auch beim Lesen gebraucht, sie erleichtern bei fortgeschrittenen Lernern das Leseverständnis.[53]

Bei der phonetischen Korrektur ist der Einsatz von Brummen sehr hilfreich, wenn Lerner in Anlehnung an ihre Muttersprache oder aus Unsicherheit zu viele Silben in einer RME betonen. Da im Deutschen die akzentuierte Silbe lauter und im Ton etwas höher gesprochen wird, läßt sich durch Brummen der entsprechenden RME erzielen, daß diese akzentuierten Silben besser gehört werden und so die Satzmelodie ausprobiert werden kann. Ein weiterer Aspekt beim Brummen ist, daß man besser auf die Silbenanzahl achten kann. Lerner, die im Deutschen Sproßvokale einsetzen oder an Konsonanten noch [e] anhängen wie bei *ein, mein* etc., werden davon abgehalten, wenn sie die Sprachmelodie rhythmisch richtig nachbrummen.

Beispiel:

Marion hat aber heute kein Glück.

` — —   — — — —   ´ —   —

Dies wäre eine mögliche Betonung des Satzes.

Lerner betonen aber oft mehr Silben, z.B.:

Marion hat aber heute kein Glück.
ˊ— — ˊ— — ˊ— — ˊ— ˊ— —

oder sie schieben Sproßvokale ein, was folgendes Satzmuster ergeben kann:

Marion^e hat^e aber heute kein^e Glücke.
ˊ— — — ˊ— — ˊ— — ˊ— — ˊ— — ˊ— —

Aus den ursprünglich 9 Silben sind durch Anhängen von [e] bzw. [ə] 13 geworden. Durch Brummen des Satzes unter Einhalten der Silbenanzahl und der beiden Akzente – ein Haupt- und ein Nebenakzent – in Verbindung mit Klopfen des Rhythmus wird erreicht, daß die Sproßvokale wegfallen. Der Satz wird dadurch leichter zu sprechen und besser verständlich.

Wie bei allen anderen Aktivitäten im Unterricht ist auch beim Brummen wichtig, daß Lehrer selbst gern brummen und es den Lernern mit viel Spaß vormachen. Nicht die Aufforderung: „Brummen Sie mal!", sondern das konkrete Beispiel ist die richtige Hilfe für den Lerner.

Hier sind ein paar Sätze zur Übung, zum Einbrummen sozusagen:

● *Wissen Sie, wo der neue Tierpark liegt?*

○ *Nein. Ich war noch nie da.*

● *Sie sollten mal hinfahren!*

○ *Meinen Sie?*

Gut gebrummt?

3.3.3. Mimik – Gestik – Raumgefühl

Ein außerordentlich wichtiger Aspekt der verbo-tonalen Methode ist das Einbeziehen von Mimik, Gestik und Raumgefühl.

Kinologische Untersuchungen weisen darauf hin, daß die Gesichtsmuskulatur des Menschen zu etwa 20.000 unterscheidbaren Ausdrücken fähig ist. Gehen Sie doch mal zum Spiegel, und probieren Sie ein paar davon aus![54] **Mimik** kann bewußt eingesetzt werden bei der Vermittlung von Stimmungen, zum Unterstreichen des Gesagten, wenn man Zustimmung, Zweifel oder leise Kritik zum Ausdruck bringen möchte oder als non-verbales Kommunikationsmittel. Mimik wirkt sich auch auf die Tongebung einer Aussage aus. Wem nimmt man ein *Herzlichen Glückwunsch!* ab, wenn er es monoton vor sich hinsagt und dazu eine Trauermiene aufsetzt? Es ist sehr wichtig, Lerner von Anfang an dazu zu ermutigen, ihre Aussage mit der dazugehörigen Mimik zu verbinden. Oft konzentrieren sie sich so sehr auf das, was sie sagen wollen, daß sie dabei keine Miene verziehen – vielleicht aus Angst, Fehler zu machen. Dabei wird auch der Tonfall monoton und das, was sie sagen, hört sich lustlos an. Ermuntern wir nun die Teilnehmer, zu lachen, böse oder energisch dreinzuschauen, so wird es für sie auch viel leichter, der Aussage den richtigen Tonfall zu geben. In manchen Dialogen werden Gefühle transportiert, die

oft nur durch Intonation, Klangfarbe und vielleicht noch Modalpartikel wiedergegeben werden.

Beispiel aus dem Begleitmaterial:
Freund: Grüß dich!
Maltus: Hallo... (Die Begrüßung ist knapp gehalten und zeigt an, daß der Sprecher keine Zeit hat. Progrediente Intonation.)
Freund: Ich sehe, du arbeitest. (Die starke Betonung von *arbeitest*
zeigt Ironie.)
Maltus: Jawohl, ich arbeite. (Die Wiederholung des Satzes
zeigt, daß Maltus ungehalten ist über die Störung.)
Bei der Einübung einer solchen Sequenz ist die Mimik sehr wichtig. Dadurch wird
die Betonung unterstrichen und die Bedeutung der Aussage mitvermittelt. Ein
wenig Übertreibung tut dabei immer gut, denn emotionales Sprechen überträgt
sich auf den ganzen Körper.
Jede Sprache hat auch eine – vom Sprecher variierbare – **Gestik**. Es geht hier nicht
um Gesten mit einer deutlich zugeordneten Bedeutung, sondern um die Gestik,
die das Sprechen begleitet. Innerhalb einer internationalen Gruppe kann man
beobachten, daß es viele verschiedene Möglichkeiten gibt, mit den Händen zu
sprechen, eine verbale Aussage gestisch zu unterstreichen. (Man kann sich auch
den Spaß erlauben, aufgrund der Gestik auf die Sprache zu schließen. Das kann
klappen, wenn man die Sprache kennt.) Ich habe die Beobachtung gemacht, daß
Sprecher einer Fremdsprache gut verstanden werden, wenn sie Intonation und
Rhythmus der Fremdsprache automatisiert haben und diese auch mit Gesten
unterstreichen. Sie werden sogar für gute Sprecher gehalten, selbst wenn sie
Grammatikfehler machen.
Wichtig ist, daß auch der Lehrer selbst beim Sprechen gezielt Gestik und Mimik
einsetzt, sei es, um Bestätigungen zu geben oder um zu zeigen, daß er nicht ganz
zufrieden ist. Im Anfängerunterricht ist auch bei Arbeitsanweisungen Gestik und
Mimik sehr sinnvoll. Sie werden dadurch klarer, und der Lehrer erspart sich viele
Worte.

Am meisten unterschätzt wird wohl im Sprachunterricht das **Raumgefühl**.
Die Hör- und Sprecherziehung von gehörgeschädigten Kindern in den mir bekannten Zentren in Zagreb und Belgien beginnt mit Übungen zum Raumgefühl: Die
Kinder lernen, sich im Raum miteinander zu bewegen, sie hantieren mit Bällen und
Reifen und spüren so Nähe und Ferne und die Schwingungen, die beim Bewegen
von Objekten im Raum entstehen. Diese Wahrnehmungen sind wichtige Voraussetzungen für das Hören und das spätere Sprechen. Auch Deutschlerner sollten
ein Gefühl für ihren Unterrichtsraum entwickeln, um sich darin wohl zu fühlen und
keine Angst mehr zu haben, das ganze Volumen ihrer Stimme einzusetzen. Wir
wissen aus Erfahrung, daß ein unbekannter, nicht vertrauter Raum leicht dazu
führt, daß wir eher leise, undeutlich und monoton sprechen, während uns in einem
vertrauten Raum lauteres, deutlicheres und lebhafteres Sprechen leichter fällt.

Dazu ist es wichtig, daß die Lerner sich im Raum bewegen und Distanz und Nähe zu ihren Gesprächspartnern immer wieder neu erfahren. Lassen Sie deshalb die Lerner immer wieder aufstehen, im Raum umhergehen, die Plätze wechseln und auch im Stehen sprechen. Mit Beispielen möchte ich dies noch verdeutlichen:

* Die Lerner gehen kreuz und quer zu Musik im Raum umher, zuerst ganz langsam und dann immer schneller und schneller. Eine wichtige Spielregel ist, daß sie sich gegenseitig nicht anstoßen.

* Die Lerner gehen zu Musik im Raum umher. Regen Sie ihre Phantasie an, indem Sie eine Situation vorgeben: Sie gehen gemütlich spazieren, Sie hetzen durch belebte Straßen o.ä. Plötzlich sehen Sie einen alten Freund/eine alte Freundin, die sie lange nicht gesehen haben, und begrüßen ihn/sie.
  Die Situationen können Sie je nach Ihrer Phantasie immer wieder neu gestalten. Es kommt nur darauf an, daß Sie kurze, leicht auszuführende Gespräche initiieren.

* Die Lerner stehen im Kreis und „werfen sich Vokale zu". Beim Werfen und Auffangen muß man spüren und sehen, nicht nur hören, ob es sich um lange oder kurze Vokale handelt (die langen sind viel schwerer zu werfen und aufzufangen).

Je nach Zusammensetzung der Lernergruppe eignen sich auch allgemein bekannte Bewegungsspiele.

4.
Vorgehensweisen bei der Ausspracheschulung

4.1. Ausspracheschulung im Anfängerunterricht

Auf jeder Sprachlernstufe hat die Ausspracheschulung ihren Platz. Der Zeitaufwand und das Vorgehen unterscheiden sich jedoch je nach Anfänger- und Fortgeschrittenenunterricht.

Im Anfängerunterricht kann durch gelenktes Hörtraining und Nachsprechen am besten das notwendige Gefühl für Intonation und Rhythmus der Sprache und für die neuen Laute vermittelt werden: Es handelt sich noch um etwas ganz Neues und wird als solches leicht akzeptiert. Auch die Erfolgserlebnisse und Lernfortschritte sind am Anfang auf dem Gebiet der Aussprache am größten.

Wenn Lerner in bezug auf Grammatik und Lexik zwar auch nicht bei „Null" beginnen (in allen Sprachen gibt es eine Grammatik, wenn die muttersprachliche auch nicht immer präsent ist, und in vielen Sprachen gibt es Internationalismen), ist doch im lautlichen Bereich das größte Vorwissen da. So beginnen Deutschlerner mit der phonetischen Progression nie bei Null und können deshalb in der Aussprache schneller zu einer gewissen Autonomie kommen. Sie haben das Lautinventar ihrer Muttersprache oder auch anderer bereits erlernter Sprachen und kennen mindestens eine Prosodie, wenn nicht mehrere. Da alle Laute aller Sprachen, wie oben erklärt, durch Frequenzbänder, die zwischen 0 und 20000 Hz liegen, gebildet werden, ist in der neu zu lernenden Sprache immer schon Bekanntes vorhanden. Das bedeutet auch, daß die Lerner immer in der Lage sein werden, einen großen Teil der Stimuli einer neuen Sprache zu imitieren.

Deshalb haben auch die Vorgehensweisen in den ersten Stunden des Anfängerunterrichts noch stark imitativen Charakter, denn Lerner sollen erst ausprobieren, was sie schon können.

„Imitieren" im Unterricht mit Erwachsenen ruft oft negative Konnotationen hervor, und imitatives Lernen wird kognitivem Lernen gegenübergestellt, wobei die beiden sich im Grunde nicht ausschließen, sondern eher ergänzen. Erwachsene, die sich beim Lernen einer neuen Sprache auf neuem Terrain befinden, akzeptieren anfangs das Imitieren als eine Form des Ausprobierens. R.Göbel schreibt dazu: ...Aber ich meine, daß imitierendes Lernen einschließlich seines kreativen Aspekts und Ziels nicht Kindern reserviert, sondern einer der gültigen Lernwege ist, auf den man nicht verzichten sollte."[55]

Die Arbeit mit Dialogen

Es ist im Anfängerunterricht wichtig und notwendig, mit Dialogen zu arbeiten. Sie bringen einen Teil Authentizität der Sprechhandlung in den Unterricht und enthalten Strukturen, die den Teilnehmern als „Versatzstücke" für neue, eigene Dialoge dienen können. Ich denke dabei an Gespräche, bei denen die Sprechsituation, die Rolle der Personen und ihr Verhältnis zueinander, der Ort, die Zeit, die Sprechintention klar definiert sind: Wer spricht mit wem, wann, wo, warum, worüber und wie? Um diese Elemente zu vermitteln, muß der Dialog aus mehereren Frage-Antwortpaaren bestehen, er muß sozusagen eine „story" haben. Den Lernern erlauben solche Dialoge – im Gegensatz zu Minidialogen wie „Guten Tag. Ich heiße… Und Sie?" – „Ich bin…" – das Einhören in die Sprache und das Erfassen der Bedeutung, weil mehrere Bestimmungselemente vorhanden sind, die in ihrem Zusammenspiel ein Ganzes ergeben. Dies macht auch eine globale Herangehensweise möglich, sowohl was die Aussprache als auch die Bedeutung anbelangt.

Beim Einüben von Dialogen sind folgende Schritte zu berücksichtigen:
* Der erste Schritt besteht darin, einen Dialog zweimal – bildunterstützt oder auch nicht – vom Tonband oder von der Kassette vorzuspielen. „Auch der muttersprachliche Lehrer tut gut daran, für den Phonetikunterricht, Tonträger zu benutzen. Erstens ist es gelegentlich notwendig, einen Satz, ein Syntagma, eine Wortreihe oder ein Wortpaar viele Male identisch zu wiederholen. Dazu ist kein Sprecher in der Lage. Und zweitens erlauben Tonband und Kassette, verschiedene Stimmen: junge und alte, weibliche und männliche, ruhige und aufgeregte… usw. zu reproduzieren. Auch der beste Schauspieler unter den Lehrern wird das nicht im nötigen Umfang zustande bringen."[56]
Diese erste Präsentation ermöglicht den Lernern das Einhören in die Situation und die Prosodie des Dialogs und erlaubt ein globales Verständnis. Bilder und Prosodie klären die Situation, die Sprechintention, den Ort des Gesprächs und die Relation der Sprecher untereinander. Die Lerner verstehen, ob es sich um ein formelles oder informelles Gespräch handelt, in welcher Stimmung sich die Personen befinden, ob Ironie mitspielt etc.
Am Anfang bedarf es noch einiger Hilfestellungen von Seiten des Lehrers, damit die Lerner auch in der Fremdsprache auf diese Elemente achten. In der Muttersprache machen sie das automatisch, übertragen jedoch diese Technik nicht immer auf die neue Sprache; sie müssen diese globale Herangehensweise praktisch neu lernen. Dabei helfen Fragen zur Rolle der Personen, zu Stimmungen, die man aus der Prosodie heraushören kann, kurz: Fragen, die sehr offen sind und nicht schnelle Antworten erfordern, sondern zum Nachdenken anregen, z.B. „Warum…? Was denken Sie über…? Wie finden Sie…?". Wenn die Teilnehmer an eine solche Herangehensweise gewöhnt sind, machen sie sich von selbst Gedanken und reagieren oft spontan nach zweimaligem Hören eines neuen Dialogs.
* Im nächsten Schritt werden vom Lehrer bewußt ausgewählte Frage- und Antwortpaare vom Tonband/von der Kassette vorgespielt mit der Aufforderung, diese

nachzusprechen, also zu imitieren. Es geht hier in erster Linie um genaues Erfassen von Intonation und Rhythmus; deshalb soll und darf beim ersten Durchgang auch nur gebrummt oder gesummt werden. Die Lerner müssen noch nicht die völlig fremden Laute korrekt aussprechen, können sich aber frei von Angst irgendwie äußern und Neues ausprobieren.

Vor dem folgenden Schritt, dem Einüben von Dialogelementen, werden inhaltliche Fragen, Wortbedeutungen, neue Verbformen, Satzbauelemente etc. geklärt.

✳ Nun ergeht die Aufforderung an zwei oder drei Personen, die Dialogteile in verteilten Rollen einzuüben. Vor allem im Anfängerunterricht überwiegt auch hier noch das Imitieren, aber die Lerner sollten durchaus dazu ermuntert werden, die Modelle vom Tonträger auf ihre eigene Rolle und Situation und die ihres Gesprächspartners (Namensänderung, Ortsänderung etc.) im Rahmen der vorgegebenen Strukturen umzugestalten.

Beispiel:
Folgendes Frage- Antwortpaar wird vorgegeben:
● *Haben wir übermorgen Deutsch?*
○ *Ja, von halb sechs bis halb acht.*

In einer ersten Übungsphase wiederholen die Teilnehmer hier das Modell, wie sie es vom Tonträger hören – vorausgesetzt, daß sie auch verstehen, was sie sagen. Dadurch gewinnen sie an Sicherheit im Sprechen. Daran schließt sich jedoch eine Übungsphase an, bei der der persönliche Bereich der Teilnehmer direkt auf den Dialog bezogen wird: Sie setzen ihre konkreten Unterrichtszeiten ein und üben auf dieser Basis den Dialog. Hiermit ist für die Lerner sofort der Bezug zur Realität hergestellt.

Beim Nachsprechen versuchen die Teilnehmer wie Schauspieler im Theater, eine „Rolle" auszufüllen. Dabei gibt es den Aspekt des Imitierens von Intonation und Rhythmus und Lauten, die von einem Modell vorgegeben sind, und den Aspekt des aktiven Gestaltens durch die persönliche Stimme, die Ausformung des Gesagten (ob laut oder leise, nett oder böse etc.).

Wichtig ist immer, daß die Korrektur auf dem „Aussageakt" der Lerner erfolgt, das bedeutet, daß sie verstehen, was sie sagen. Die Autoren von *In Deutschland unterwegs* schreiben dazu im Lehrerhandbuch:
„Die eventuelle Korrektion findet erst im Aussageakt des Lernenden statt, in dem sich der Lernende schon realisiert hat. Das heißt, daß wir jegliche Korrektion in der Aussage vermeiden und erst im Aussageakt versuchen, daß sich der Lernende mit Hilfe des Lehrenden und des verbo-tonalen Systems (Intonation, Rhythmus, Prosodie) selbst strukturiert (korrigiert).
Die Aussage entspricht dabei einer ersten Aufnahme einer Lautkette, die dem authentischen Sprachfluß entsprechend aufgenommen ist. Der Lernende verwendet sie zuerst synthetisch, um ein gewisses Verstehen zu erlangen. Die Wahrnehmung wiederum, also die aktive Phase nach dem Einhören und Verstehen, erlaubt dem Lernenden im Kommunikationsprozeß einen Aussageakt.

Lernpsychologisch erlaubt uns erst dieser Aussageakt eine Korrektion, dadurch, daß der Lernende sich mit seinem Sprechakt identifizieren kann und die Tiefenstruktur der Sprache angewandt hat, um etwas auszusagen. Dies bedeutet, daß der Lernende nun akzeptieren und verstehen kann, wenn wir ihm helfen, die Form des Sprechakts zu „korrigieren" (zu verbessern). Jede gehörte (empfangene) Aussage führt zu einer verstandenen und zuletzt zu einer innerlichen (verinnerlichten) Aussage und erst dann wiederum zu einem neuen Sprechakt.

Warum also sollten wir durch eine verfrühte Korrektion die Integrierung ins Gedächtnis und den Aussageakt des Lernenden verzögern oder gar verhindern?"[57].

In der Einübungsphase üben die Lerner in Zweiergruppen ein Frage- Antwortpaar ein, wobei sie immer wieder die Rollen tauschen. Der Lehrer geht indessen von Gruppe zu Gruppe und hilft individuell bei bestimmten Aussprachefehlern. Dabei ist wichtig, daß er Ausspracheprobleme schnell erkennt und Hilfestellungen zur besseren Aussprache geben kann. Und hier liegt nicht wie im Leben der „Teufel im Detail", sondern das Intonationsmuster einer ganzen rhythmisch-melodischen Einheit ist Grundlage für das Einüben; Details sollten erst in zweiter Linie geübt und korrigiert werden. Wenn Akzente, Silbenanzahl und Intonation richtig sind, ist die Aussage fast immer verständlich. Deshalb sollten diese in erster Linie verbessert werden. Erst wenn dann noch Schwierigkeiten mit Einzellauten bestehen, sollte auf diese eingegangen werden.

Wie Einzellaute korrigiert werden können, und zwar nach der verbo-tonalen Methode, erkläre ich ausführlich in Kapitel 5.

Mit dem Verbessern des Rhythmus lassen sich auch eine ganze Reihe von Grammatikfehlern verbessern. Sogenannte Sproßvokale (s. S. 17 f. und S. 48) wie z.B. [içi] für [ıç] bei Japanern oder [filim] für [fılm] bei türkischen Muttersprachlern haben keine Chance mehr, wenn die Lerner auf den Rhythmus einer RME achten.

Beispiel:
Ich bin müde. [içibınmydə] enthält im Gegensatz zu *Ich bin müde.* [ıçbınmydə] 5 anstatt 4 Silben.

Wenn ein Dialog in der aufgezeigten Form erarbeitet und übertragen wird, muß sich kein traditionelles Rollenspiel anschließen, das den Transfer gewährleisten soll. Der Transfer ist bereits während der phonetischen Einübung geleistet worden und bildet die Basis, die dem Lerner ein eigenständiges Sprechen erlaubt. Die Teilnehmer haben mit der Hilfe des Lehrers und durch die Übertragung bestimmter Dialogteile auf ihre eigene Lebenssituation soviel Selbständigkeit gewonnen, daß sie das Gelernte frei in Unterrichtsgesprächen und außerhalb des Unterrichts anwenden können.

4.2. Ausspracheschulung im Fortgeschrittenenunterricht

Im Gegensatz zum Anfängerunterricht, der dem Hören einen großen Raum läßt, liegen im Fortgeschrittenenunterricht die Probleme bei der Korrektur einer bereits vorhandenen fehlerhaften Aussprache. Da die Ausspracheschulung meistens dem Anfängerunterricht zugeordnet wird, mißt man ihr leider im Unterricht mit Fortgeschrittenen oft nicht mehr genügend Bedeutung bei. „Man hat ja viel Wichtigeres zu tun!" oder ist es vielleicht Unsicherheit? Die Lerner können doch schon deutsch sprechen, warum soll man da noch an der Aussprache herumkorrigieren? Der bereits genannte Khmer-Effekt (s. 1.3.) kommt hinzu. Wir sind als Sprachlehrer – und je „älter die Hasen" umso mehr – an fehlerhafte Aussprache unterschiedlichster Ausgangssprachen gewöhnt und vergessen leicht, daß Sprachlerner es ja nicht immer mit Ihren Lehrern, sondern in der Regel mit Deutschen in der Gastfamilie, auf der Straße, an der Universität usw. zu tun haben, und da ist, wie in den beschriebenen Beispielen gezeigt, verständliche Aussprache noch wichtiger als grammatikalische Korrektheit.

Sehr oft sind es die Sprachkursteilnehmer selbst, die den Wunsch formulieren, Aussprache zu üben, phonetische Übungen zu machen, weil sie inzwischen den Unterschied zwischen einem Muttersprachler und sich selbst hören, aber nicht wissen, wie sie ihre Ausspracheprobleme anpacken sollen, oder weil sie Mißverständnissen begegnen, die auf einer falschen Aussprache beruhen.

Die Vorgehensweisen im Fortgeschrittenenunterricht können sich vielfältiger gestalten als beim Anfängerunterricht, weil Vorwissen in Grammatik und Wortschatz bereits vorhanden sind:

* Auch im Fortgeschrittenenunterricht sollte nicht versäumt werden, immer wieder Hörtexte vom Tonband anzubieten. Es gibt keine bessere Methode, das Gehör zu schulen; die Stimme des Lehrers allein genügt nicht, weil die Lerner sich daran gewöhnen. Deshalb eine große Bitte an alle Lehrer: Setzen Sie das doch so zahlreich vorhandene Tonbandmaterial im Unterricht regelmäßig ein, Ihre Stimme und letztendlich auch Ihre Teilnehmer werden es Ihnen danken!

* Video- bzw. Tonbandaufnahmen ermöglichen es den Lernern, sich selbst zu hören. Bei der Auswertung kann der Lehrer mit Hilfe der weiter unten vorgeschlagenen Korrekturverfahren die Aussprache verbessern.
(Siehe auch Vorschläge zur Arbeit mit der Kassette zu diesem Buch.)

* Übungen mit Minimalpaaren wie

> *Hasen – hassen*
> *Miete – Mitte*
> *Kahn – Kanne*

dienen dazu, das Gehör für lange und kurze Vokale zu trainieren.
Solche Übungen gibt es in verschiedenen Übungsbüchern zur deutschen Aussprache[58] und auf Kassetten oder in Lehrwerken, wie z.B. im Phonetikprogramm von *Stufen*[59]. Es macht aber besonderen Spaß, Übungen mit den Teilnehmern selbst zu entwickeln. Da sie über einigen Wortschatz verfügen, können sie selbst Wortpaare finden, die den Lautunterschied „kurzer Vokal – langer Vokal" aufzeigen.

* Im Fortgeschrittenenunterricht können auch Gedichte und Reime in größerer Anzahl herangezogen werden, weil schon ausreichend Wortschatz vorhanden ist oder leicht erklärt werden kann.

* Da im Fortgeschrittenenunterricht schon eine gewisse Sprachkompetenz vorausgesetzt werden kann, sollte die Korrektur in Form von Kommunikation verlaufen. Genauso wenig wie im Anfängerunterricht lassen sich viele Fehler nicht durch ein sanktionierendes „Falsch", sondern im Gespräch verbessern.

Beispiel:

Lerner: (Hispanophone) *Ich beiß nicht.* [ıçbaesnıçt]
        anstatt: „Ich weiß nicht."
Lehrer: *Das glaube ich, daß Sie nicht beißen!*
oder: *Was? Sie beißen?*

Der Lerner versteht durch die Reaktion des Lehrers, was er falsch gemacht hat und kann sich selbst oder mit Hilfestellung des Lehrers korrigieren.

* Da Fortgeschrittene sich oft in ziemlich komplexen Sätzen ausdrücken können und wollen, vergessen sie oft, Pausen zu setzen und vernachlässigen Intonation und Rhythmus.

Italienische Muttersprachler z.B. betonen oft im Deutschen jedes Wort; dadurch kommen sie aus dem Rhythmus und geraten völlig außer Atem beim Sprechen. Sie sprechen jedes Wort einzeln aus, und so bekommt jedes Wort oft noch ein [e] angehängt, was erst recht den Rhythmus verändert, denn dadurch erhält ein Satz viel mehr Silben als im Deutschen.

Beispiel:

Aus *Guten Tag! Kann ich bitte Herrn Müller sprechen?*
    [gutntak kanıçbıtǝhɛanmɣlaʃprɛxn]
wird dann
    [gutenetage kane içe bite hɛrne...]

Was sich im Deutschen wie nur zwei Wörter anhört, wird hier in 8 einzelne Wörter aufgeteilt, die jeweils einen eigenen Akzent haben. Es wird dadurch unmöglich, den Satz im Rhythmus und mit der richtigen Intonation zu sprechen, dem Sprecher bleibt einfach die Luft weg.

Zur Übung hilfreich sind Texte, in denen die Wörter fortlaufend ohne Satzzeichen geschrieben sind. Aufgabe ist es, den Text in Sinnabschnitte einzuteilen und laut vor sich hin zu lesen.

Eine andere Möglichkeit ist das Einüben von Dialogen, wie Sie sie auf der Kassette finden. Sie können nach mehrmaligem Hören gelesen und mit Akzenten und Intonationskurven versehen werden. Bei dieser Übung stellen die Teilnehmer selbst fest, daß sie die Tendenz haben, zu viele Silben zu betonen.

Bei sogenannten kognitiven Lernern kann die verbale Erklärung der Akzentsetzung und Intonation im Deutschen und wie diese die Bedeutung einer Aussage verändern die Übung unterstützen. Zahlreiche Aufgaben und Übungen finden sich in den Lehrwerken *Stufen* und *Sprachbrücke*.

4.3. Vorbereitung auf den Phonetikunterricht

Das bis jetzt Geschilderte mag zunächst einfach klingen, aber es bedeutet gründlichste Vorbereitung von Seiten des Lehrers: Er muß nicht nur den Einsatz des Tonbandes wie im Schlaf beherrschen, sondern er muß auch die Dialoge selbst fast auswendig können, damit er sie beim Korrigieren immer parat hat. So kann er, wenn die Äußerung nicht genau in den Kontext paßt, mögliche Abweichungen akzeptieren oder verbessern. Auch die Methoden der Korrektur für vorherzusehende Aussprachefehler muß er nach Möglichkeit bestens vorbereitet haben. Es gibt noch genügend andere, die unvorhergesehen im Unterricht auftreten können.

4.3.1. Prognose von Ausspracheschwierigkeiten

In der Praxis der täglichen Unterrichtsvorbereitung sollte der Ausspracheschulung genauso viel Zeit und Genauigkeit gewidmet werden wie etwa der Vorbereitung von Fragestellung, Bedeutungsvermittlung, Grammatikerklärungen etc.
Der erste Schritt ist die Prognose, die Voraussage von eventuell auftretenden Problemen bei der Aussprache.
Der Unterrichtende kennt sein Unterrichtsmaterial und nach dem ersten Unterrichtstag auch die Zusammensetzung seiner Lernergruppe. Aufgrund der Muttersprache der Kursteilnehmer und den Erfahrungen des ersten Tages kann er in etwa vorhersagen, an welchen Stellen welche Personen bei der Aussprache Schwierigkeiten haben werden. Das Vorwissen über die Muttersprache und ihre Interferenzen bei der Aussprache des Deutschen kann dabei von großer Hilfe sein; dazu findet sich im Anhang eine Literaturliste. Darüberhinaus ergibt sich nach einiger Zeit Unterrichtspraxis ein Katalog von Problemen, die auch bei unterschiedlichen Ausgangssprachen gleich sind: Fast alle Deutschlerner haben, wie schon erwähnt, Probleme mit den Vokalquantitäten im Deutschen; viele bilden bei Konsonantenverbindungen Sproßvokale, und nicht nur frankophone Sprecher haben Probleme mit dem [ç]-Laut und sprechen [ʃ].
Um Ausspracheprobleme vorhersagen zu können, ist auch eine gute Kenntnis des deutschen Lautsystems und der deutschen Prosodie – Intonationsverlauf und Akzentgebung – sehr wichtig; nur dann kann aufgrund der gehörten Aussprachefehler analysiert werden, wo die Abweichung vom Deutschen liegt und wo korrigierend einzugreifen ist.

4.3.2. Vorbereitung von Korrekturmöglichkeiten

Für die Unterrichtsplanung ergeben sich folgende Fragen: Wie begegne ich den wahrscheinlich auftretenden Ausspracheproblemen? Wie lange und wieviel korrigiere ich?
Die erste der Fragen kann durch eine gute Vorbereitung gelöst werden, die zweite ist nur ungefähr einzuschätzen. Wichtig ist, daß man sich Schwerpunkte vornimmt und ein zeitliches Limit setzt, an das man sich auch ungefähr halten sollte.

In der Einarbeitungsphase ist es sinnvoll, sich entsprechend der Fehlerprognose mehrere Techniken zurechtzulegen und zu notieren. Folgende Form kann zu einer Standardisierung bei der Vorbereitung verwendet werden:

Laut/Satzmelodie im Deutschen	auftretende Fehler	Korrekturtechniken Hörhilfen

Die Prinzipien der verbo-tonalen Methode: Intonation, Rhythmus, Spannung – Elemente, die sich immer auf eine ganze Aussageeinheit beziehen, oft auf einen Satz, bilden die Grundlage bei der Erarbeitung der Korrekturtechniken. Einbezogen werden auch Vorgehensweisen aus anderen Methoden, wie z.B. aus der artikulatorischen Methode, zur Lösung spezieller Aussprachprobleme: Vom Kinn her die Zunge an den oberen Gaumen drücken, um die Aussprache von [ç] oder [ŋ] zu erleichtern. Solche Techniken sollte der Lehrer aber bei der Vorbereitung erst einmal selbst ausprobieren, um zu wissen, was ohne großen Aufwand machbar ist, helfen kann und was man den Lernern auch zumuten kann. Letzeres ist sicher sehr abhängig von der Lernergruppe.

Während der Unterrichtsvorbereitung hat der Lehrer Zeit und Muße, seine Korrekturvorschläge so auszuarbeiten, daß sie der Gruppe angepaßt sind, und zwar sowohl was Grammatik und Wortschatz anbelangt als auch lernpsychologisch. Das Aufschreiben all dieser Vorgehensweisen bis hin zu Korrektursätzen, wie sie in Kapitel 5 vorgeschlagen werden, kommt nicht nur den Lernern zugute, sondern auch dem Lehrer. Er entwickelt auf diese Weise ein Inventar von Korrekturmöglichkeiten, die er mit der Zeit internalisieren wird und die ihm dann spontanes Eingreifen im Unterricht leichter machen.

Aus der Erfahrung vieler Kollegen und meiner eigenen kann ich sagen, daß man nach einer gründlichen – wenn am Anfang auch etwas mühsamen – Einarbeitungsphase, mit dem „Handwerkszeug", das man sich so angeeignet hat, Sensibilität und Sicherheit beim Erkennen und Korrigieren von Aussprachfehlern erreicht. Beide bilden die Grundlage für die Integration von Ausspracheschulung in den Sprachunterricht und führen dazu, daß das Ganze auch Spaß macht.

4.4. Fehleranalyse

Das Wort „Fehler" gefällt mir persönlich nicht sehr, ich werde es aber im folgenden als Krücke verwenden, weil es allgemein verständlich ist. Lieber würde ich von „Irrtümern" sprechen, wie H. Trocmé: „Beim Erlernen einer Fremdsprache ist der Irrtum ein Anzeiger für falsches Hören und sollte nicht sofort korrigiert werden, sondern erst nach nochmaligem, auf den Lerner abgestimmtem Hören, d.h. indem man der Strategie Rechnung trägt, die der Lerner selbst anwendet, um das beobachtete Resultat zu erreichen.

.... Solange die Unterrichtenden ihre Rolle nur im Kontrollieren der Ergebnisse sehen, besteht die Versuchung, sich auf die Einheit stimulus-response zu beschränken."[60]

Auch Götz Wienold sieht die Rolle der Fehler „als Information darüber, was diese (die Lerner) noch nicht oder noch nicht genügend gelernt haben. Sie bieten aber auch Informationen darüber, wie Lerner eine Sprache erwerben."[61]

Es ist mir ein großes Anliegen, diese Problematik vorab zu klären; denn beim Ausspracheunterricht haben wir es laufend mit Erscheinungen zu tun, die als Fehler klassifiziert werden können und hilfsweise auch müssen. Dem Lehrer sollte aber nie eine gewisse Neugierde abhanden kommen, die ihn dazu treibt, die Ursachen dieser Fehler zu suchen. Sie liegen – wie weiter oben schon ausführlich erläutert – zum einen im fehlerhaften Hören aufgrund der Unterschiede zwischen Muttersprache und Zielsprache; zum anderen entstehen sie durch falsche Akzentuierung, d.h. durch Akzentgebung, wie sie der Muttersprache entspricht, z.B. am Satzende im Französischen oder Akzente auf jedem einzelnen Wort wie im Italienischen.

Man spricht sogar von einem „Fehlersystem" beim Erlernen einer neuen Sprache, das auf bestimmten Ausgangssprachen beruht. In der Realität decken sich jedoch sehr oft die Fehler verschiedener Ausgangssprachen, so daß man es bei einer internationalen Zusammensetzung einer Sprachlerngruppe nicht unbedingt mit völlig verschiedenen Fehlern – d.h. einem Fehlersystem pro Ausgangssprache – zu tun hat. Wenn auch die Arbeit nicht ganz so einfach ist wie in mononationalen Gruppen, für die eine gemeinsame, kontrastive Hör- und Ausspracheschulung gemacht werden kann, da die Probleme für alle (fast) gleich sind, so hat die heterogene Lernergruppe den Vorteil, daß die Teilnehmer sich gegenseitig unterstützen können. Was für den einen ein Problem ist, beherrscht der andere vielleicht spielend. Die Lerner hören auch nicht immer nur <u>eine</u> vom Deutschen abweichende Aussprache, <u>einen</u> ausländischen Akzent, sondern sie hören bereits Unterschiede, und zwar Unterschiede zwischen den verschiedenen Aussprachevarianten der anderen Gruppenmitglieder, der eigenen und der des Lehrers. Dies hat oft ein konsequenteres Zuhören zur Folge und ermuntert zum Nachfragen bei Nichtverstehen. Dadurch wird eine gewisse Sensibilät für Ausspracheschwierigkeiten geweckt.

Als Lehrer haben wir die schwierige Aufgabe, die Aussprachefehler auch während anderer Unterrichtsphasen herauszuhören, zu analysieren und abzuschätzen, ob sofortiges Eingreifen hilfreich ist oder ob es besser ist, später gezielt auf das Problem zurückzukommen.

Ebenso wie bei der Prognose ist es wichtig, sowohl das Wissen über die Ausgangssprachen als auch über die deutsche Sprache stets präsent zu haben.

5.
Korrekturverfahren nach der verbo-tonalen Methode

5.1. Allgemeine Einübungs- und Korrekturvorschläge

„Das Problem der phonetischen Korrektion ist sicher so alt wie der Fremdsprachunterricht überhaupt," schreiben Schneider und Wambach in einem Beitrag in der Revue de Phonétique Appliquée 1967.[62]

Sicher behalten sie auch heute noch damit recht, denn inzwischen ist kein Wundermittel gefunden worden, das die phonetische Korrektur durch einen Experten, hier: Lehrer, erübrigen könnte.

Die folgenden Vorschläge basieren auf den Prinzipien der verbo-tonalen Methode, sind also geeignet, den ganzen Menschen im Lerner anzusprechen, und konzentrieren sich auf die Arbeit mit Intonationsarten, Spannung und Nachbarlauten sowie außersprachlichen Elementen:

∗ Zurückgehen zum Tonbandmodell
Das Zurückgehen zum ursprünglich gehörten Tonbandmodell fördert das Einhören. Die Zeit, die Sprachlerner brauchen, um sich in die Sprache einzuhören, ist nicht zu unterschätzen. Auch wenn es den Lehrern selbst manchmal lang vorkommen mag, so ist das mehrmalige Hören eines Dialogs von äußerst wichtiger Bedeutung. Jeder Lerner braucht eine Zeit der Strukturierung, (wahrnehmen – mit dem phonologischen Raster der Muttersprache vergleichen – identifizieren), bevor man ihm eine sprachliche Produktion abverlangen sollte. Halbautomatisches Nachsprechen – nur so zum Spaß, zum Ausprobieren, wie das klingt – ist eine Vorstufe und soll auch als solche erlaubt sein.

∗ Brummen eines Satzes oder Satzteiles
Nicht umsonst steht das Brummen im Titel zwischen Hören und Sprechen. Es ist die Zwischenstufe, die über die tiefen Frequenzen Intonation und Rhythmus spüren läßt. Durch Nachbrummen können die Länge einer Einheit (RME), die Intonation (steigend, fallend oder progredient) und die Akzentsetzung ausprobiert werden. Im Anschluß daran lassen sich leichter die dazugehörigen Wörter formulieren. Aber zunächst geht es darum, gehörte Intonationsmuster auszuprobieren, noch ohne die Schwierigkeit, eine Menge neuer Laute bilden zu müssen, kurz: frei von der Angst zu sein, etwas „Falsches" zu sagen.

* Klopfen oder Klatschen des Rhythmus

Beim Klopfen oder Klatschen des Rhythmus werden die motorischen Fähigkeiten des Lerners eingesetzt und dadurch das Hören und Sprechen unterstützt und erleichtert.

Wichtig dabei ist, daß der Lehrer selbst den Rhythmus richtig klopft, aber das ist eine Frage der Übung, und jeder Lehrer kann sich dafür sensibilisieren und es lernen.[63]

* Nuancierte Aussprache

Eine weitere Hilfe beim Einhören bietet eine nuancierte Aussprache mit besonderer Hervorhebung der Akzentsilben, aber ohne Veränderung des Intonationsmusters. Dabei werden nur die akzentuierten Silben im Satz hervorgehoben, die anderen sollten ganz leise gesprochen werden. Das Ziel ist, den Lernern die „rare" Akzentgebung – ein spezifisches Merkmal der deutschen Sprache – so deutlich zu machen, damit sie sie erfassen und speichern.

Dies bedeutet aber nicht besonders langsames Sprechen. Das würde im Gegenteil dazu führen, daß der Lehrer selbst aus dem Takt kommt und plötzlich mehr Silben betont als notwendig und richtig; damit wäre das Ziel verfehlt.

Ein Aspekt der verbo-tonalen Prinzipien ist besonders bei akzentuiertem Sprechen zu beachten: Die Form der Sendung (= Einhalten der richtigen Prosodie) ist wichtiger als die ganze Breite (= alle Frequenzen und möglichst viel Lautstärke) des Hörbereiches.

Im Gegenteil: Zu lautes Sprechen verhindert gutes Hören, weil dabei alle Frequenzen der Laute – auch zum Teil so, wie sie in der Muttersprache des Lerners vorkommen – verstärkt werden und mitgehört werden müssen.

* Rückwärtskorrigieren

Hat ein Teilnehmer besondere Schwierigkeiten bei der Aussprache eines Satzes, empfiehlt es sich, den Satz von hinten nach vorn in immer länger werdenden Teilen aufzurollen. Dabei wird die Information nicht verfälscht.

Beispiel:

Sieht das nicht gleich ganz anders aus?
. . . . *anders aus?*
. . . . *ganz anders aus?*
. . . . *gleich ganz anders aus?*
. . . . . . *nicht gleich ganz anders aus?*
. *Sieht das nicht gleich ganz anders aus?*

Wenn der Lehrer in dieser Abfolge vorspricht und so nachsprechen läßt, entwikkeln sich sowohl Intonation und Rhythmus natürlich, und es entsteht ein Gefühl für die Zusammengehörigkeit der ganzen Einheit. Wenn man den Satz von vorne anfangend entwickelt, kommt es durch das analytische Aufbauen zu abgehacktem Sprechen, und die Melodie geht verloren. Der Lerner intoniert nach dem Muster seiner Muttersprache – die Folgen sind hinreichend erörtert worden. Übrigens ist es auch für den besten Lehrer fast unmöglich, bei einem analytischen Vorgehen die Satzmelodie beizubehalten.

Das Verfahren eignet sich besonders gut bei Sätzen, die mehrere einsilbige Wörter, Personalpronomina oder Modalpartikel enthalten.

* Einsatz von Spannung und Entspannung

Zur Wiederholung: Mit Blick auf Spannung und Entspannung sind folgende Merkmale für das Deutsche typisch:

Spannung	– am Satzanfang
	– am Ende einer Satzfrage, bedingt durch die steigende Intonation
Entspannung	– am Ende eines Aussagesatze, einer Wortfrage, eines Befehls, bedingt durch die fallende Intonation in diesen Satztypen.

Diese Spannungsverhältnisse im Satz können nun zur Korrektur von Einzellauten eingesetzt werden: Ein Laut wird in eine optimale Stellung gebracht werden, wodurch er besser wahrgenommen und anschließend auch besser ausgesprochen wird.

Beispiel:

Ein Laut, der zu entspannt und offen ausgesprochen wird, wird in eine Stellung im Satz gebracht, die von Natur aus gespannt ist, d.h. entweder an den Satzanfang oder das Ende einer Satzfrage, wo die Spannung am größten ist:

> *Eben war er noch hier.*
> *Möchtest du Tee?*   [eː]
> *Tut das weh?*

> *Kennen Sie mich nicht?*
> *Haben Sie Feuer für mich?*   [ç]

Umgekehrt können Laute, die zu gespannt und geschlossen gesprochen werden, in die fallende Intonation am Ende eines Aussagesatzes, eines Befehls oder einer Wortfrage gebracht werden:

Ich warte schon eine volle Woche.   [ɔ]
„Geh doch bitte in den Keller!"   [ɛ]

Nach einer kleinen Übungssequenz mit solchen Sätzen, die sich auf den Erlebnisbereich des Lerners oder die Gruppensituation beziehen sollten, muß aber auf den Ausgangssatz, in dem das Ausspracheproblem aufgetreten ist, zurückgegangen werden.

* Korrektur mit Hilfe von Nachbarlauten

Es gibt keinen Laut, der in reiner Form vorkommt, denn seine Ausformung ist immer abhängig von der Lautumgebung, der Betonung usw. R. Renard hat bei Messungen sogar festgestellt, daß derselbe Sprecher denselben Laut im selben Satz mehrere Male hintereinander nicht identisch ausspricht.

Die Tatsache, daß Nachbarlaute die Aussprache beeinflussen, kann man sich beim Korrigieren der Aussprache zunutze machen.

Nach gespannten Konsonanten im Anlaut läßt sich leicht ein offener, entspannter Vokal sprechen (auf Spannung folgt Entspannung): *Tonne, Puppe, Kasten.* Dieses Muster entspricht auch den ersten Versuchen der Babys, die mit Silbenfolgen wie „papa" oder „tata" ihre ersten Wörter ausprobieren.

Nach Reibelauten lassen sich leicht gespannte, lange Vokale sprechen: *wohnen, Füße, Wüste. Wohnt Susi in der Wüste? Wo wohnt Fabian jetzt?*

* Flüstern

Es erleichtert das Hören von sehr gespannten Lauten wie [s], [ç] und [h], von Lauten mit einem großen Anteil an hohen Frequenzen wie [iː], [y] und des „Knacklauts" (= fester oder harter Vokaleinsatz)

* Annäherungen durch Hervorheben der optimalen Elemente

Hört ein Sprachlerner den Unterschied zwischen dem kurzen, entspannten [ɪ] und dem eigenen in der Muttersprache vorhandenen [i] nicht, weil er die tiefen, ungespannten Elemente von [ɪ] nicht wahrnimmt, so kann durch eine nuancierende, sich dem [ɛ] nähernde Aussprache zu besserem Hören und damit auch leichterem Nachsprechen verholfen werden.

Beispiel:
Lerner: *Das Kind* [kiːnt] *ist* [iːst] *müde.*
Lehrer: *Das Kind* [kɛnt] *ist* [ɛst] *müde.*
Lerner: *Das Kind* [kɪnt] *ist* [ɪst] *müde.*
Durch diese Art von Korrektur werden die entspannten Elemente, die im Laut [ɪ] enthalten sind, betont und hörbar gemacht.

Als Orientierung für solche Hilfestellungen kann das auf S. 28 dargestellte Vokaltrapez dienen.

* Artikulationsstellen

Bei manchen Ausspracheschwierigkeiten, vor allem bei Einzellauten, kann es hilfreich sein, die Artikulationsstellen zu zeigen. Der Lehrer wiederholt den Satz unverändert und zeigt dabei Lippenstellung, Mundstellung, Öffnungsgrad etc. an. Dies kann jedoch nur ein zusätzliches Hilfsmittel sein.

* Visuelles Signal für den Verlauf der Intonationskurve
(ob fallend oder steigend)

Gerade für Anfänger ist es oft sehr hilfreich, den Verlauf der Intonationskurven durch Gestik zu unterstreichen. Man kann an dieser Stelle auch gut durch Körpersprache anzeigen, wie die Intonation verläuft:

– Mit den Armen nach unten zeigen und locker lassen bedeutet fallende Intonation, Entspannung.
– Auf Zehenspitzen stehen und Arme in die Luft strecken bedeutet Spannung.

✳ Chorsprechen

Eine Methode, die schon lange praktiziert wird, ist das Chorsprechen. Es sollte nicht zu oft eingesetzt werden, weil dabei Nuancen wie laut – leise verlorengehen. (Siehe dazu auch S. 42 „Die Form der Aussage ist wichtiger als die ganze Frequenzbreite".) Der Aspekt des Hörens fällt dabei unter den Tisch. Manchmal kann aber Chorsprechen schüchternen Lernern helfen, die Angst zu überwinden, laut zu sprechen.

Ich möchte diese Vorschläge als Angebot verstanden wissen, das in der Praxis erst seine Bewährung findet. In der Anwendung soll jeder Lehrer prüfen, was für ihn machbar ist und wie er die Vorschläge in seinem Unterricht umsetzen kann. Wichtig dabei ist jedoch, daß er sich mit den Grundlagen der Phonetik auseinandersetzt; denn nur wenn er hört, was und warum etwas nicht deutsch klingt, kann er mit den angebotenen Mitteln weiterhelfen.

5.2. Vorschläge zur Korrektur von Einzellauten

Graphem	Laut	Beispiel	Fehleranalyse	Korrekturvorschlag	Korrektursatz
a/aa/ah	[aː]	fahren	wird zu kurz gesprochen	in steigende Intonation am Ende einer Satzfrage bringen	Essen Sie gerne **Aal**? Kann ich mitfahren? Essen Sie auch **Salat**?
			wie [a] von Sp[64] mit romanischer und slawischer MS[65]	nach Reibelaut sprechen	Er hat dicke **Waden**. Ich **habe** abends Zeit.
				mit Gestik unterstreichen	Guten **Tag**.
				in betonte Position bringen	Ich esse **Braten** und **Salat**.
			wird wie [o] gesprochen von Sp persischer MS	nuanciert sprechen mit Tendenz zu [ɛ], damit ein [a] wahrgenommen wird.	Er fährt mit dem **Kahn**. [kɛːn] Ich komme morgens mit der **Bahn**. [bɛːn]
a	[a]	Tasse	wird zu lang gesprochen	in fallende Intonation am Satzende bringen	Nehmen Sie doch noch eine **Tasse**! Ja, ich habe daran ge**dacht**.
				durch Gestik Intonation anzeigen	Ja, ich habe die Rolläden **heruntergelassen**.
				in Stellung nach Explosivlauten bringen	Ein **Passant** tritt hinzu. Die **Kasse** ist geschlossen.
			wird nasaliert vor [n] und [m] von frankophonen Sprechern	nuanciert sprechen mit Tendenz zu [ɛ]	Wo ist die **Bank**? [bɛŋk] Er ist **kränklich**, er ist heute **krank**.
			wird kaum gesprochen, verschluckt,	in einsilbigen Wörtern üben	**Wang** ist **krank**. Der **Saft** ist **kalt**.
				in fallende Intonation bringen	Gib mir den **Ball**!

Buchstabe	Laut	Beispiel		in Stellung nach Reibelaut bringen	Wann kannst du kommen?
e	[ɛ]	essen	wird von Sp mit asiatischer, arabischer MS als Halbvokal gesprochen	in Stellung nach Reibelaut bringen	
			wird zu gespannt gesprochen	in fallende Intonation bringen Gestik (vor allem bei Keller) einsetzen	Geh in den **Keller!** Das hast du sicher **verges-sen!** Da hast du **recht.** Den müssen Sie **kennen!**
e/ee/eh	[e:]	lesen	wird zu entspannt gesprochen	in steigende Intonation bringen	Siehst du, wie die Zeit ver-**geht?** Kannst du ihn **sehen?** Haben Sie eine **Idee?** Nehmen Sie Zucker in den **Tee?**
			wird [je] gesprochen von Sp mit slawischer MS (vor allem im Anlaut)	in Stellung nach Explosivlaut [p], [t], [k], Reibelaut [v] oder [ʃn] bringen	**Peter** hat Zahnweh. Gibt es morgen **Schnee?**
				als harter Vokaleinsatz nach einem Vokal sprechen	Das Jahr geht zu **Ende.** **Eben** ist er gekommen.
i	[ɪ]	Mitte	wird zu gespannt gesprochen wie [i] von Sp romanischer MS	in fallende Intonation am Satzende bringen	Kommt **Kinder!** Setzt euch an den **Tisch!** So ein **Mist!** Das **stimmt.**
			wird oft zu entspannt gesprochen wie im Türkischen, Persischen und Arabischen	in Stellung nach Reibelaut bringen, um den Laut gespannter hören zu lassen	Wie **finden** Sie den **Film?** Siezen Sie **sich?** **Sind** die Kinder lieb? Diese Dinge sind **wichtig.**
				durch die Umgebung von [i:] wird [ɪ] besser wahrgenommen	Rauchen **Sie Zigaretten** mit **Filter?**

Graphem	Laut	Beispiel	Fehleranalyse	Korrekturvorschlag	Korrektursatz
ie/ih/i	[i:]	Miete	wird zu entspannt gesprochen wie [ɪ] von Sp romanischer MS	in steigende Intonation am Ende einer Satzfrage bringen	Kommt er **wieder**? Gehört das Auto **Ihnen**? Rauchen **Sie nie**?
			wird oft zu entspannt gesprochen wie [ɛ] von anglophonen Sp	idem nach Reibelaut [f, v] und in Anhäufung sprechen lassen	Ist dies die **Wiege** für **Vierlinge**? Liegen Sie auf einer **Wiese**? **vier mal vier ist vierundzwanzig**
ü/üh	[y:]	müde	wird zu gespannt gesprochen wie [i] von Sp slawischer, asiatischer und griechischer MS	artikulatorisch: Lippenstellung zeigen in Stellung nach Reibelaut bringen	Sie müssen aber heute **müde** sein! Was bekomme ich **für fünf** Mark? Stehst du morgens **früh** auf?
			wird zu entspannt gesprochen wie [u], Umlaut wird nicht wahrgenommen	in steigende Intonation bringen	Sind Sie heute **müde**? Haben Sie kalte **Füße**? Ist der Pullover **grün**? Essen Sie gerne **süß**?
			wird zu [iu] bei anglophonen Sp	in Stellung nach Reibelaut bringen Akzent verschieben, so daß der „Problemlaut" in unbetonte Stellung kommt	In der **Wüste** bekommt man leicht müde **Füße**. Das macht **fünf** Mark. Das macht drei **fünfzig**. **Früher** war alles anders.
			wird übertrieben lang gesprochen fast wie [ue]	über [Y] korrigieren zur besseren Wahrnehmung	Davon hätte ich gern **fünf Stück**. Eine Fahrkarte nach **Düsseldorf**. Hin und **zurück**.
ü	[Y]	müssen	wird zu gespannt gesprochen wie [y]	in fallende Intonation bringen	Jutta kauft **Nüsse**. Wann fährst du nach **Nürnberg**? Dort ist die **Küste**.

70

ö/öh	[ø:]	Söhne	wird zu entspannt gesprochen wie [oe]	in steigende Intonation bringen	Sind Sie **böse**? Haben Sie sich daran ge-**wöhnt**? Können Sie mich **hören**?
			wird [e] gesprochen von Sp slawischer MS	idem	Verliert der Motor **Öl**? Brauchen Sie noch **Öl**? **Möchten** Sie noch **Öl**?
			wird wie [o] gesprochen	idem mit Tendenz zu [oe] sprechen	
ö	[œ]	öffnen	wird zu geschlossen gesprochen von Sp romanischer MS	in fallende Intonation bringen	Können Sie mir bitte die Tür **öffnen**? Sie hat drei **Töchter**.
e	[ə]	besuchen Klasse	wird wie [e] gesprochen, weil die Silbe betont wird	akzentuierte Silben überbetonen und Silben mit [ə] in ihrer unbetonten Stellung belassen schnell vorsprechen	Lotte besucht ihre Tante in Lüneburg Ge**fällt** Ihnen das große dunkle Ge**mälde**?
er	[ɐ]	Mütter vergessen	wird nach dem Schriftbild gesprochen	in fallende Intonation bringen auf richtige Akzentgebung achten zu [a] tendierend sprechen	Kein**er** darf die **Verabredung** **vergessen**. **Müller** und **Meier** treffen sich **hinter der** Scheuer. **Unser neuer** Lehrer
o/oo/oh	[o:]	Rose	wird zu entspannt, offen gesprochen wie [ɔ]	in steigende Intonation bringen Gestik einsetzen	**Wohnt** denn Monika im **Moor**? War das ein **Tor**? Mögen Sie **rote Rosen**? Er trägt lange **Hosen**.
			wird wie [ou] gesprochen vor allem von anglophonen Sp	in steigende Intonation bringen	Wissen Sie, **wo** er **wohnt**? Haben Sie ein **Photo**? Haben Sie morgen vormittag schon etwas **vor**?

Graphem	Laut	Beispiel	Fehleranalyse	Korrekturvorschlag	Korrektursatz
o	[ɔ]	kommen	wird zu gespannt gesprochen wie [o]	in fallende Intonation bringen	Das ist aber **toll**! Er fehlt schon eine **volle Woche.**
			wird zu offen gesprochen frz. port	nach Reibelauten [z], [v] und [f] sprechen und in fallende Intonation bringen	Die **Sonne** scheint. Der Schlafwagen ist **vorn.** Warum gibt es heute so viele **Wolken**?
			wird zu offen und zu lang gesprochen: engl. [gɔːd]	sehr schnelles vorsprechen	**Gott** sei Dank!
u	[ʊ]	Mutter	wird zu gespannt gesprochen wie [u]	in fallende Intonation bringen	Die Bluse ist **bunt**. Wo ist die **Butter**?
				in Stellung nach Explosivlauten [p], [t], [k] bringen	Die **Puppe** hat sie von ihrer **Mutter.** Zum **Kuckuck** nochmal!
u/uh	[u:]	suchen	wird zu entspannt gesprochen	in steigende Intonation bringen	Warum steigt er auf den **Turm**? Magst du Apfel**mus**? Hast du **Mut**?
			wird wie [iu] gesprochen	Tendenz zu [ʊ], nach [k], [f], [s]	Suchen Sie einen **Fuß**ball? Apfel**kuchen** schmeckt **gut.**
			Tendenz zu [o] bei Sp mit arab. MS	in betonte Silbe bringen in steigende Intonation bringen	Ist das wirklich **gut**? Gibt es dort auch guten **Kuchen**?
ei/ai/ay	[ae]	Freiheit	wird wie zwei Einzelvokale gesprochen [ai]	auf dem ersten Teil des Lautes [a] betonen Tempo steigern, um das Anhalten auf dem [i] zu vermeiden	**Nein**, ich habe **kein** Geld. Den **Reise**paß dürfen Sie nicht vergessen!

Graphem	Beispielwörter	Fehler	Übung	Beispielsätze
		wird [e] gesprochen von Sp persischer und arabischer MS	in den Auslaut bei fallender Intonation bringen	Komm doch am Freitag vorbei!
			akzentuiert sprechen mit Betonung auf [ae]	Leider habe ich keine Zeit. Mike schleckt ein kleines Eis.
		wird [i] gesprochen, beeinflußt durch das Schriftbild	Verbindung herstellen zu dem Wort Ei mit entsprechender Gestik ein Ei zeigen	Essen Sie ein weiches Ei?
			idem	
au	[ao̯] laufen	wird zu [ɑ] vor allem im Anlaut	den Akzent auf [ae] setzen	Einkaufen ist leichter als auspacken. Einziehen ist schöner als Ausziehen.
		wird zu [ɑ], zu geschlossen gesprochen, vor allem im Anlaut	in ein- und zweisilbigen Wörtern sprechen	Wann ist der Film aus? Das ist eine graue Maus.
		wird zu [o]	in fallende Intonation bringen	Ach, komm doch mit ins Haus!
			idem	
		Einfluß des Schriftbilds oder wird nicht wahrgenommen	den Laut gehäuft in einem Satz sprechen	Er kauft eine blaugraue Couch.
eu/äu	[ɔø̯] Leute Mäuse	wird zu geschlossen gesprochen	nach Verschlußlauten [p], [t], [k]	Der Verkäufer hat teure Ware. Dort stehen noch ein paar Bäume.

Graphem	Laut	Beispiel	Fehleranalyse	Korrekturvorschlag	Korrektursatz
g	[g] im Anlaut	geben	wird [ç] gesprochen von hispanophonen Sp	als [k] vorsprechen „schaukeln" zwischen [g] und [k]:[kebn][gebn] in Lautumgebung von [k] bringen	**Kinder kichern gern.** **Gib** mir die **Kichererbsen!** **Kein Gift!**
	zwischen vokalisch	Magen	zu weich bei Sp anderer romanischer MS	mit Tendenz zu frz. nicht aspirierten [k] sprechen	Ich habe gut **gegessen.** **Gib** mir **Geld!**
	[k] im Auslaut	Tag	zu weich, wird fast nicht ausgesprochen	nuancierte vorsprechen	**Sagen** Sie, **mögen** Sie **Ragout?**
			wird nicht verhärtet	in einsilbigen Wörtern üben	Guten **Tag!** **Sag** nein!
b	[b]	beißen	wird zu weich gesprochen	mit Tendenz zu [p] sprechen in den Anlaut bringen	**Bitte** ein **Bier!** Der **Bus** bringt Sie zum **Bahnhof.**
			wird [v] von hispanophonen Sp gesprochen	artikulatorischer Hinweis: starkes Zusammenpressen und Wiederloslassen der Lippen	
	[p] im Auslaut	Staub	wird nicht verhärtet	den Laut gehäuft in einem Satz vorsprechen	Petra **liebt Raubtiere.**
d	[d]	Durst	wird zu weich gesprochen	mit Tendenz zu [t] sprechen in den Anlaut bringen	Der **Dackel** wartet draußen. Drei **Dosen** Thunfisch, bitte!
	[t] im Auslaut	Hund	wird nicht verhärtet	den Laut gehäuft in einem Satz vorsprechen	Der **Hund** läuft in den **Wald.**
k	[k]	Karte	nicht aspiriert	flüstern, damit die Aspirierung zu hören ist in den Wort- und Satzanlaut bringen, weil da die	Das ist aber **klein!** Die **Kartoffeln** sind im Keller.

Graphem	IPA	Wort	wird … gesprochen	Technik	Beispiele
p	[p]	Paket	idem	idem	Der **Postbote** bringt ein **Paket**. **Petra** hat eine kleine **Puppe**.
t	[t]	Tasse	idem	idem	**Trinken** Sie eine **Tasse Tee**? Dort ist ein **tiefes Tal**.
ch	[ç]	richtig	wird [ʃ] gesprochen vor allem in [ɪç]; dieser Fehler wird von Sp ganz unterschiedlicher MS gemacht	in steigende Intonation bringen, damit die Spannung besser wahrgenommen wird	Meinen Sie **mich**? Ist das **üblich**? Ist das **leicht**? Ist das **richtig**?
			wird [k] gesprochen von anglophonen Sp	einem [h] voranstellen	**Ich habe** Hunger. Besuchst du **mich** heute?
ch	[x]	lachen	wird [r] gesprochen von frankophonen Sp	in fallende Intonation bringen langsam vorsprechen	Der Kurs dauert noch eine **Woche**. Karl kommt doch sicher **auch noch**. Ja, ich habe an alles ge**dacht**.
ng	[ŋ]	Hunger	wird [ng] gesprochen	in steigende Intonation bringen schnell vorsprechen, damit keine Zeit bleibt, [n] und [g] getrennt zu sprechen	Ist die Straße **eng**? Haben Sie noch **Hunger**? Ist das Ihre **Zeitung**? Er hat viele **Ringe** an den **Fingern**. Ist das ein **Engel**?
z/tz	[ts]	Zeit setzen	wird wie stimmhaftes s gesprochen: [z]	flüstern an die Tse-tse-Fliege erinnern (ist meistens bekannt) in Stellung im Wortauslaut bringen	**Zeigen** Sie bitte mal die **Zeitung**! Jetzt habe ich keine **Zeit**. **Setz** dich doch! **Hetz** mich doch nicht so!

75

Graphem	Laut	Beispiel	Fehleranalyse	Korrekturvorschlag	Korrektursatz
sch	[ʃ]	schön	wird [s] gesprochen, vor allem im Wortanlaut	zunächst in Auslautstellung bringen, dann zwischenvokalisch vorsprechen, schließlich in den Wortanlaut bringen	Das Brot ist **frisch.** Ich esse gern **frische** Brötchen. Markus will lange **schlafen.** (spielen, speisen etc. je nach Ausgangswort, in dem der Fehler aufgetaucht ist)
ss/ß	[s]	essen Straße	wird zu [z] zwischenvokalisch	in fallende Intonation bringen	Kommt doch endlich **essen!** Du kannst immer alles **besser!** Warum hat er ein **Gebiß?** **Laß das** doch!
qu	[kv]	Quelle	wird [kua] gesprochen	artikulatorisch: Oberzähne an die Unterlippe pressen schnell vorsprechen	So ein **Quatsch!** Ich habe ein **bequemes** Sofa.
w/v	[v]	Wasser Vase	wird [b] gesprochen von hispanophonen Sp	artikulatorisch: idem den Laut gehäuft in einem Satz vorsprechen in die Nähe von [f] bringen	**Wir warten** vor dem Kino. **Wissen** Sie, **wo Walter** und **Fritz wohnen?**
			wird zu ungespannt, zu stimmhaft gesprochen	mit Tendenz zu [f] vorsprechen in den Anlaut bringen, dort erfordert die Stellung eine gespannte Aussprache	Samstags kauft er viele Flaschen **Wein.** **Wasser und Wein.**
			wird [ua] gesprochen vor allem von anglophonen Sp	artikulatorisch: idem in die Stellung vor [i:] bringen	Spielen die Kinder auf der **Wiese?**

			wird ...	in ...	
f/v	[f]	fliegen Vater	wird [v] gesprochen, von der Schrift beeinflußt	in den Wortlaut bringen	**Feuer und Flamme** Er kommt zum **Flughafen**.
h	[h]	Haus	wird nicht aspiriert	in steigende Intonation bringen / nicht anhäufen, das bringt Verwirrung	Bist du um fünf zu **Hause**? Wohnen Sie schon lange in **Hamburg**?
			wird [f] gesprochen von Sp mit Chinesisch als MS	in Lautumgebung mit Reibelauten wie [ç] oder [x] bringen	**Ich habe ein Hochhaus.**
r	[r] [R]	Ruhe	wird [l] gesprochen, von Sp mit Japanisch als MS	[dl] schnell sprechen bis zu [r]	**Sprechen** Sie bitte nach! Die **Straße** ist naß. Sie können die Katze strei-cheln, sie **kratzt** nicht.
				in Stellung nach Explosiv-lauten oder [ʃp, ʃt] bringen	
			wird wie das englische [r] gesprochen	im Anlaut: Stellung vor [e:], [i:], [ai]	Essen Sie auch **Reh** mit **Reis**? Ein **Riese** und ein Zwerg.
				zwischenvokalisch: nach einem kurzen Vokal	**Narren fahren** im Zug. **Verwirren** Sie mich nicht.

Fehler, die nicht im Schema aufgeführt werden können:

Sprachlerner, in deren Muttersprache Konsonantenverbindungen oder -anhäufungen so wie im Deutschen nicht vorkommen, haben im allgemeinen die Tendenz, zwischen den verschiedenen Konsonanten Sproßvokale zu bilden, z.B.:

Film – [fɪlɪm] oder [filim]

trinken – [tirinken]

sprechen – [ʃəpəɾɛçən]

mit den Kindern – [mɪt dɛnkɪndɛɾən]

Eine andere Form ist das Anhängen von Vokalen, wie z. B. [içi] für [ɪç] bei japanischen Muttersprachlern oder [a͜ɛnə] für [a͜ɛn] bei Lernern aus Eriträa oder arabischsprechenden Ländern. Persische und spanische Muttersprachler setzen ein [ə] einer Konsonantenverbindung mit [ʃ] (aus unterschiedlichen Gründen) voran wie [əʃpɾɛçn] für [ʃpɾɛçn] oder [əʃpanɪʃ] für [ʃpanɪʃ].

Die Übertragung der lautlichen Konventionen der Muttersprache kann sogar manchmal zum Grammatikfehler führen.

Durch Einüben des Rhythmus kann sehr viel erreicht werden, denn Sproßvokale oder angehängte Vokale lassen zusätzliche Silben entstehen, die den Sprechrhythmus stören. Brummen, klopfen oder klatschen des Rhythmus sind geeignete Hilfsmittel, denn wenn die Anzahl der Silben stimmt, ist kein Platz mehr für diese Aussprachefehler.

Ein weiterer Fehler tritt auf, wenn Lerner, anstatt einen zusätzlichen Vokal einzusetzen, die vorhandenen Vokale in einem deutschen Wort nur schwach aussprechen, z.B. [kᵃpᵘt] für [kapʊt] oder [pᵒlˈtˈk] für [pɔlɪtik]. Die Ursache ist dieselbe wie die, die dazu führt, Sproßvokale einzusetzen; in diesen Fällen wird unbewußt eine Konsonantenverbindung angenommen, oder es gibt in der Muttersprache der Lerner Halbvokale, die auf das Deutsche übertragen werden. Das Korrigieren kann hier dadurch erfolgen, daß das Wort an eine betonte Stelle im Satz gestellt wird, z.B. *Ist die Uhr kaputt?* oder *Verstehen Sie etwas von Politik?*

5.3. Allgemeine Schlußbemerkungen

Ich bin mir darüber im Klaren, daß die aufgeführten Ausspracheprobleme und -fehler hier nicht erschöpfend dargestellt sind. Dies kann nicht geleistet werden in einer Abhandlung, die sich allgemein an DaF-Lehrer richtet. Es geht hier um eine Basis, auf der jeder einzelne für seinen Unterricht und seine Zielgruppe aufbauen kann und um die Vermittlung von Prinzipien, an denen er sich orientieren kann. Die oben angegebenen Beispiele sollen also Anhaltspunkte sein und Ideen dafür geben, auf welche Weise bei bestimmten Aussprachefehlern geholfen werden kann. Abschließend möchte ich noch einmal zusammenfassen, was bei der Korrektur auf jeden Fall zu beachten ist.

* Die Wahl der Sätze und Wörter hängt von der Gruppe ab; die Beispiele sollten aus dem Kontext der Gruppe kommen und müssen natürlich mit dem Wortschatz gebildet werden, der allen bekannt ist. (Die oben angeführten sind am Schreibtisch entstanden oder aus dem Gedächtnis niedergeschrieben.)
* Nicht die Dauer, die man auf eine Korrektur verwendet, verspricht Erfolg, sondern direktes Eingehen auf einen gerade eingetretenen Fehler und regelmäßige Wiederholung. Einmal korrigiert und richtig gesprochen bedeutet noch nicht, daß in freier Rede beim nächsten Mal derselbe Fehler nicht wieder auftaucht. Aber oft genügt die Erinnerung an frühere Korrektursituationen mit demselben Satz, um den Teilnehmer zur Eigenkorrektur anzuregen.
* Alle Lerner werden miteinbezogen: was einer nicht kann, kann vielleicht ein anderer ganz gut und umgekehrt. Das gilt sowohl für das Hören als auch für das Sprechen. Man kann sich dabei die verschiedenen Ausgangssprachen, die oft in internationalen Sprachlerngruppen anzutreffen sind, auch zunutze machen.
* Damit phonetische Korrektur nicht eine rein lehrerzentrierte Angelegenheit wird, ist es sogar sehr wichtig, daß die Teilnehmer lernen, aufeinander zu hören und sich auch gegenseitig zu korrigieren.

* Der Zeitpunkt für phonetische Korrektur ist besonders günstig während einer Kleingruppenarbeit. Während im Anfängerunterricht noch ziemlich viel Zeit für eine korrekte Hör- und Ausspracheschulung aufgewendet werden sollte, verkürzen sich diese Phasen im Fortgeschrittenenunterricht, wo individuelles Eingehen auf einzelne Lerner und spontanes Eingreifen bei gerade auftretenden Ausspracheproblemen gefragt ist. Man sollte jedoch nie denken, daß Ausspracheschulung irgendwann völlig vernachlässigt werden könnte. Im Gegenteil – auch fortgeschrittene Lerner müssen regelmäßig die Gelegenheit dazu bekommen, an ihrer Aussprache zu arbeiten.

Phonetische Korrektur aus der Sicht der Lerner
Wie überhaupt beim Sprachenlernen spielt auch bei der Ausspracheschulung die Motivation eine Hauptrolle. Am Anfang ist die Motivation der Sprachlerner noch am größten, und sie wollen sie auch erhalten.
Aber Wie?

* Sie brauchen Erfolgserlebnisse, positive Bestätigungen seitens des Lehrers und das Gefühl, durch eine bessere Aussprache im Gespräch mit Muttersprachlern auch besser verstanden zu werden.
* Sie wollen auch Spaß haben. Nicht nur der Intellekt ist gefragt sondern der ganze Mensch: Sprechen ist keine losgelöste Tätigkeit, es setzt Hören und Verstehen voraus, braucht Muskeln zur Laut- und Stimmgebung, steht in direkter Verbindung mit Gestik und Mimik (auch wenn jemand „keine Miene verzieht" will er etwas ganz bestimmtes damit ausdrücken), ist abhängig davon, wie sich die sprechende Person im Raum fühlt und in welcher emotionaler Lage sie sich befindet.
* Sie wollen Sprache in Situationen erleben, die für sie relevant sind und die es ihnen sehr schnell erlauben, auch emotional zu reagieren, ihre Gefühle in der neuen Sprache auszudrücken.

Vorschläge für die Arbeit mit den Dialogen und Übungen auf der Kassette und im Begleitheft

Die Dialoge und Übungen auf der Kassette sind folgendermaßen aufeinander abgestimmt: Die Übungen – in Form von Minidialogen – greifen Ausspracheprobleme aus dem Hauptdialog auf und bringen sie gehäuft. Jeweils 4–5 Minidialoge schließen sich an einen Hauptdialog an. Es empfiehlt sich, zuerst die Übungen zu machen und dann den Hauptdialog einzuüben. Natürlich kann auch andersherum vorgegangen werden.
Übungen und Dialoge eignen sich zum Transfer, zum Erweitern und zum Inszenieren.

Einige der Minidialoge sind in 3 Versionen auf der Kassette aufgenommen (in Anlehnung an das Prinzip des SUVAG, s. S. 40 f.).
1. Zunächst ist der Dialog so gefiltert, daß nur tiefe Frequenzen zu hören sind: bis zu ca. 320 Hz = „canal grave".
In dieser Version ist die Sprache inhaltlich noch nicht verständlich, Intonation und Rhythmus sind jedoch klar hörbar. Sie dient deshalb zum Einhören in die Prosodie.
2. Im nächsten Schritt ist der Dialog in den Frequenzbereichen zwischen 475 Hz und 750 Hz und zwischen 3400 Hz und 5000 Hz zu hören = ligne générale.
In dieser Version hört sich die Sprache „bereinigt" an, verwirrende Frequenzen aus dem Frequenzband zwischen 300 Hz und 3000 Hz sind weitgehend ausgeschaltet. Das Verständnis des Dialogs wird dadurch erleichtert.
3. Schließlich ist die Sprache in ihrer ganzen Frequenzbreite von 15 Hz–20 000 Hz zu hören = canal directe. Die Sprache hört sich „voller" an, alle Nuancen und Nebengeräusche sind zu hören. Diese Version entspricht einer normalen Tonbandaufnahme.

Vorschlag 1

* Die Gruppe hört Version 1 ein- bis zweimal und spekuliert über den Inhalt: Frauen-/Männerstimmen, Fragen, Aussagesätze, Stimmungen etc.
  Die Vermutungen können an der Tafel gesammelt werden. Nach einem zweiten, abschnittweisen Anhören versucht jeder für sich nachzubrummen, was er hört. Diese Übung hilft dem Erfassen von Intonation und Rhythmus.
* Wenn der Lehrer das Gefühl hat, daß die Satzmelodie erkannt ist, läßt er Version 2 vom Tonband hören und das jetzt Gehörte mit den Spekulationen vergleichen.

An dieser Stelle können auch evtl. unbekannte Wörter und Strukturen geklärt werden.

* Nun werden Version 2 und 3 hintereinander vom Tonband gehört. Für das Einüben eines Minidialogs ist Version 2 vorzuziehen, da störende Frequenzen hier vermieden sind und die Lerner auch das Gefühl haben, gut zu verstehen. Die Lerner üben in Abschnitten paarweise einen Minidialog ein und achten dabei auf die zu übenden Laute, Akzentuierungen oder Intonationsformen (s. Verzeichnis). Wie im Buch beschrieben, geht der Lehrer von Gruppe zu Gruppe, hilft und korrigiert.

* Der nächste Schritt ist freies Spielen – wenn möglich auswendig – mit Platzwechsel und einem Minimum an Requisiten.
Die Minidialoge sind zum größten Teil absichtlich offen gehalten, so daß sie sich je nach Sprachniveau und Phantasie der Teilnehmer weiterführen oder abändern lassen. Die Situationen sind verfremdet und wollen nicht eine realistische Sprechsituation vorgeben, sondern zum Ausprobieren von Sprache in Verbindung mit korrekter Aussprache anregen.

Vorschlag 2

Der Minidialog wird hintereinander in den drei Versionen vorgespielt, der Inhalt wird geklärt. Dadurch entsteht so etwas, was man „entdeckendes Hören" nennen könnte. Ausgehend von der Melodie wird der Minidialog schrittweise über einen beschränkten Frequenzbereich bis hin zur vollen Frequenzbreite entdeckt.

* Eine erste Übungsphase konzentriert sich auf die Arbeit mit Version 1. Die Lerner üben Intonation und Rhythmus, indem sie versuchen, abschnittweise nachzubrummen.

* Nach nochmaligem Anhören können die Texte gelesen werden. Die Lerner setzen nun Akzente und Zeichen für fallende, steigende und progrediente Intonation. (Diese Übung setzt voraus, daß der Lehrer die Zeichen eingeführt und erklärt hat.)

Beispiel:

Sie: Was essen wir heute abend? ↘

Er: Bohnengemüse mit Möhrrüben. ↘

Sie: Müß ich noch was dazu holen? ↗

Er: Ja, ↘ *wir brauchen noch Brot und rote Bohnen.* ↘

Sie: Gut, ich geh. ↘ *Brauchst du sonst noch was?* ↗

Er: Nein, das ist alles. ↘

* Im Anschluß werden die verschiedenen Varianten unter den Lernern verglichen und korrigiert (z. B. auf Overheadfolie). Es herrscht in der Regel immer große

Unsicherheit bei der Akzentgebung; hier brauchen die Lerner Anleitung und Hilfe.
* Die Lerner sollten dann in Kleingruppen die Dialoge halblaut lesen, während der Lehrer von Gruppe zu Gruppe geht, hilft und korrigiert.
* Für die weitere Arbeit sollten alle Teilnehmer aufstehen, denn im Stehen ist die Atmung freier, und das Sprechen fällt leichter. Auch Körpersprache läßt sich im Stehen leichter entwickeln bzw. wird natürlicher.
Nun können die Dialoge mit verteilten Rollen gelesen werden. Wie oft zwischendurch die Kassette eingesetzt wird, um an das Modell zu erinnern oder an bestimmten Ausspracheproblemen zu arbeiten, ist den Lernern – die dies an dieser Stelle oft selbst verlangen – und dem Lehrer überlassen. Bei dieser Phase ist vor allem auf Tongebung, Sprechintentionen und Körpersprache zu achten.
* Auch bei diesem Arbeitsvorschlag sollte sich jetzt eine weitergehende, freie Entwicklung von ähnlichen oder neuen Dialogen anschließen.

Aus diesen Vorschlägen für die Arbeit mit den Minidialogen in SUVAG-Version lassen sich Ideen für die Arbeit mit den anderen Minidialogen und auch den Hauptdialogen ableiten.
Es hängt von der Gruppe ab, welche Übungen der Lehrer einem Hauptdialog vorschaltet. In internationalen Sprachlerngruppen können Übungen zu verschiedenen Ausspracheproblemen gleichzeitig wie in Vorschlag 1 bearbeitet werden: Frankophone Sprecher bekommen beispielsweise einen Übungsdialog mit dem Schwerpunkt [ç], während griechische Muttersprachler die Aussprache des [ʃ] üben und anglophone Sprecher sich mit der Problematik des vokalisierten r beschäftigen.
Die Kassette soll es den Lernern ermöglichen, sich in diverse Ausspracheprobleme einzuhören und spielerisch mit Sprache und Aussprache umzugehen.

Anmerkungen

1 Schröder, K. (Hrsg.): Wilhelm Viëtor, *Der Sprachunterricht muß umkehren, Ein Pamphlet aus dem 19. Jahrhundert neu gelesen,* Max Hueber Verlag, München 1984

2 Coseriu, E.: *Einführung in die Allgemeine Sprachwissenschaft,* A. Francke Verlag, Tübingen 1988, S. 117 ff.

3 Centre de recherche et d'étude pour la diffusoin du français an der Ecole Normale Supérieure de ST. Cloud, Paris

4 Guberina, P.: *Die audio-visuelle, global-strukturelle Methode.* In: Libbish, B. (Hrsg.), *Neue Wege im Fremdsprachenunterricht,* Diesterweg, Frankfurt/Main 1965, S. 1–15.
Guberina, P.: *La méthode structuro-globale audio-visuelle.* In: Revue de Phonétique Appliquée, Mons 1965
Rivenc, P.: In: *Aspects d'une politique de diffusion du français langue étrangère depuis 1945,* Hatier, Paris 1984, S. 131
Renard, R.: *La méthodologie SGAV d'enseignement des langues – une problématique de l'apprentissage,* Didier, Paris 1976

5 SUVAG ist die Abkürzung von *Système universel verbo-tonal d'audition Guberina*

6 Frequenzen sind Schwingungen pro Zeiteinheit

7 Schiffler, L.: *Einführung in den audio-visuellen Fremdsprachenunterricht,* Quelle und Meyer, Heidelberg 1973

8 Strack, W.: *Fremdsprachen audio-visuell,* Kamps pädagogische Taschenbücher Nr. 63

9 Dickensen/Leveque/Sagot: *All's well, Englisch für Erwachsene,* Didier, Paris 1976
Chaumond-Klier, A., u.a: *In Deutschland unterwegs, 1.Teil – In Bonn,* Didier, Paris 1979

10 s. Lehrerheft zu *Deutsch 2000,* Max Hueber Verlag, München 1972, S.18: „...Die richtige Aussprache wird in der Nachsprechphase durch ständige Korrektur erreicht..."

11 Göbel, R.: *Probleme und Möglichkeiten der Aussprachearbeit im Unterricht.* In: Deutsch lernen 3/1986, S. 3

12 Göbel, R.: ebenda

13 Chaumond-Klier, A., u.a.: *In Deutschland unterwegs, In Bonn, Teil 1,* Les éditions, Didier, Paris 1979

14 Mebus, G., u.a.: *Sprachbrücke Deutsch als Fremdsprache 1,* Klett Edition Deutsch, München 1987

15 Ackermann, H.: *Aphasie bei mehrsprachigen Patienten,* Vortrag, gehalten bei einem Kolloquium am Sprachinstut Tübingen, 30.09. – 02.10.1987

16 Ackermann, H.: ebenda

17 Ackermann, H.: ebenda

18 Williams, L.: *Teaching for the two-sided mind,* Prentice Hall 1983, französische Übersetzung von H. Trocmé-Fabre: *Deux cervaux pour apprendre,* Les Editions d'Organisation, Paris 1986, S. 37

19 Trocmé-Fabre, H.: *J'apprends donc je suis,* Les Editions d'Organisation, Paris 1987, S. 197
dazu auch Vester, F.: *Denken, Lernen, Vergessen,* dtv Sachbuch Nr. 1327, 1978; und Williams, L.: *Teaching for the two-sided mind:* a.a.O.

20 Trocmé-Fabre, H.: *J'apprends donc je suis,* a.a.O.

21 Diplomarbeit im Fach Deutsch bei Herrn Prof. W. Gössmann von Saeko Ito an der PH Rheinland, Abt. Neuss: *Phonetische Interferenz zwischen der deutschen und japanischen Sprache und ihre Auswirkung auf den Fremdsprachunterricht,* Neuss 1974

22 Trocmé-Fabre H.: *J'apprends donc je suis,* a.a.O., S. 51

23 zitiert nach: Fthenakis, W., u.a.: *Bilingual-bikulturelle Entwicklung des Kindes,* Max Hueber Verlag, München 1985, S. 150

24 siehe dazu den oben beschriebenen „Khmer-Effekt"

25 Vester, F.: a.a.O., S. 68

26 siehe dazu Aussprachewörterbücher wie
Duden Band 6: Das Aussprachewörterbuch, Bibliographisches Institut, Mannheim, Wien, Zürich
Großes Wörterbuch der deutschen Aussprache, hrsg. von einem Autorenkollektiv unter Leitung von U. Stötzer, Leipzig 1982
Siebs, Th.: *Deutsche Aussprache,* hrsg. von H. de Boor, H. Moser und Chr. Winkler, Berlin 1969

27 Zu dem Thema „Hören und Erkennen von Aussprachefehlern": Zawadzka, E.: *Zum Problem der auditiven Determiniertheit der Lehrerarbeit und zur Erhöhung der Perzeptionsleistung des Fremdsprachenlehrers.* In: Jahrbuch Deutsch als Fremdsprache, indicium verlag, München, Band 14/ 1988, S. 405–417

28 ´— bedeutet akzentuierte Silbe

29 ´ bedeutet Hauptakzent
` bedeutet Nebenakzent

30 Gougenheim, G.: *Système grammatical du Français,* d'Artray, Paris 1939
Gougenheim, G.: *Dictionnaire fondamental de la lange française*
Gougenheim, G., Michea, R., Rivenc, P., Sauvageot, A.: *L'élaboration du français fondamental (1er degré),* Didier, Paris 1964
Martinet, A.: *Eléments de linguistique générale,* Paris 1961
Martinet, A.: *Economie des changements phonétiques.* Traité de phonologie diachronique, Bern 1955

31 Seine ersten Ausführungen zu dem Problem sind nachzulesen in: Guberina, P.: *The role of intonation in syntax,* Sorbonne University, Paris 1939

32 „reine" Töne werden nur in Frequenzen und Lautstärke gemessen ohne Berücksichtigung der Lautumgebung, die die Ausformung eines Tons verändert.

33 Logatome sind Silbenverbindungen, die keine Bedeutung haben und nur zum Zweck des Übens gebildet werden, z.B. tutti – tuti, lake – lacke etc.

34 a.a.O.

35 Renard, R.: *La méthode verbo-tonale de correction phonétique,* Didier-Bruxelles, Centre International de Phonétique Appliquée, Mons 1979, S. 45 ff.

36 Das bekannteste Zentrum ist das von Prof. Guberina in Zagreb gegründete, wo nicht nur Hör- und Sprecherziehung vom Kleinstkindalter an gemacht wird, sondern auch Diagnosen gestellt werden über die Art der Schwerhörigkeit und Behandlungsvorschläge gemacht werden.

37 Trubetzkoy, N.S.: *Grundzüge der Phonologie,* Vandenhoeck & Ruprecht, Göttingen 1958 (1967,1989)

38 Trubetzkoy, N.S.: Ausgabe 1989, S.47

39 a.a.O.

40 s. dazu zahlreiche Arbeiten aus den Zentren, die Sprecherziehung nach der verbo-tonalen Methode betreiben (in Zagreb/Jugoslawien, Belgien, Frankreich, Italien und Spanien), in der Zeitschrift „Revue de Phonétique Appliquée", Mons, Belgien

41 cf. Renard, R.: *L'appareil Suvaglingua, instrument de recherche et de correction phonétique.* In: Revue de Phonetique Appliquée 4/1967, S.13

42 Guberina, P.: a.a.O.

43 Renard, R.: *La méthode verbo-tonale de correction phonétique,* Didier, Bruxelles 1979

44 Vuletic, B.: *La correction phonétique par le système verbo-tonal.* In: Revue de Phonétique Appliquée, 1,1965, S.1 – 12
Cureau, J./Vuletic, B.: *Enseignement de la prononciation, Le système verbo-tonal,* Didier, Paris 1976

45 z.B. Häussermann, U., u.a.: *Sprachkurs Deutsch 2,* Verlag Moritz Diesterweg

46 Fiukowski, H.: *Sprecherzieherisches Elementarbuch,* VEB – Bibliographisches Institut, Leipzig 1984, S.132

47 Vorderwülbecke A./Vorderwülbecke K.: *Stufen,* Klett Edition Deutsch 1986

48 Rausch I./Rausch R.: *Deutsche Phonetik für Ausländer,* VEB-Verlag, Leipzig 1988, S. 88ff.

49 Vester, F.: a.a.O., S.142

50 Guberina, P., u.a.

51 Trocmé-Fabre, H.: *Phonetique: Evolution de la pratique pédagogique,* Handout zum IVe Colloque SGAV

52 dazu: Rausch, I./Rausch, R.: a.a.O.
und die Phonetikprogramme in den Lehrwerken *Stufen* und *Sprachbrücke,* a.a.O.

53 Slembek, E.: *Die Funktion der Intonation für das Leseverständnis,* Vortrag auf der Fachtagung zur Phonetik des fadaf (Fachverband Deutsch als Fremdsprache) vom 19.-22.09.1990 in Regensburg

54 Birdwhistell, R.L.: *Toward Analyzing American Movement.* In: Weitz. S., ed., *Nonverbal Communication,* O.U.P., New York 1979, S. 111-112

55 Göbel, R.: a.a.O.

56 Ehnert, R.: *Ausspracheschulung.* In: Ehnert, R. (Hrsg.): Einführung in das Studium des Faches Deutsch als Fremdsprache, Frankfurt 1982, S. 137

57 Chaumond-Klier, A. u.a.: *Lehrerhandbuch zu „In Deutschland unterwegs", 1. Teil „In Bonn",* Editions Didier, Paris 1979. S. 32

58 z.B. Martens, C. und P.: *Übungstexte zur deutschen Aussprache,* Max Hueber Verlag, München 1964

59 Vorderwülbecke, A./Vorderwülbecke, K.: a.a.O.

60 Trocmé-Fabre, H.: *J'apprends donc je suis,* a.a.O.

61 Wienold, G.: *Die Erlernbarkeit der Sprachen,* Kösel-Verlag, München 1973, S. 81 ff.

62 Schneider A., Wambach M.: *Das System der Fehler und die phonetische Korrektion der französisch Sprechenden in der deutschen Sprache.* In: Revue de Phonétique Appliquíe 5/1967

63 dazu Göbel, R.: a.a.O.

64 Sp = Sprecher

65 MS = Muttersprache

Literaturhinweise zu Sprachvergleichen

Zu Chinesisch als Muttersprache
* Giet, F.: *Warum versteht man mich nicht? Wichtige Winke zur deutschen Aussprache.* In: Osnabrücker Beiträge zur Sprachtheorie 21/1982, S. 44–68
* Qui, Mingren: *Kontrastive Untersuchung des Phonemsystems des Deutschen und Chinesischen.* Magisterarbeit an der Tongij-Universität, Shanghai 1982
* Liu Ch.: *Einige Überlegungen zum gegenwärtigen Deutschunterricht in China.* In: Zielsprache Deutsch 4/1982, S. 29–39
* Min Wang: *Hauptprobleme der Deutschlernenden aus China mit der deutschen Aussprache.* In: Info DaF 1/1988, S.76–82

Zu anderen asiatischen Sprachen
* Kelz, H. P.: *Typologische Verschiedenheit der Sprache und daraus resultierende Lernschwierigkeiten: Dargestellt am Beispiel der sprachlichen Integration von Flüchtlingen aus Ostasien.* In: Spracherwerb – Sprachkontakt – Sprachkonflikt, Berlin 1984

Zu Arabisch als Muttersprache
* Albers, H.-G.: *Interferenzprobleme Deutsch – Arabisch – Französisch im Phonetikunterricht in Marokko.* In: Info DaF 4/1987, S. 326–337
* Lerchner, G.: *Zum Aufbau eines Phonetikunterrichts des Deutschen für irakische Studierende auf der Grundlage einer kontrastiven Phonemanalyse von irakischem Arabisch und Deutsch.* In: Deutsch als Fremdsprache 4/1971, S.161 ff.

Zu Türkisch als Muttersprache
* Cimilli, N./Liebe-Harkort, K.: *Sprachvergleich Türkisch – Deutsch,* Düsseldorf 1976
* Apeltauer, E.: *Die Vokalsysteme des Deutschen und Türkischen und ihre graphemischen Realisisierungsmöglichkeiten.* In: Zielsprache Deutsch 4/1981, S. 38–46

Zu Polnisch als Muttersprache
* Beiträge zum Sprachvergleich zwischen Deutsch und Polnisch. In: Linguistische Studien A 37, Berlin 1977, S. 118 ff.
  zu beachten vor allem die Beiträge von N. Morciniec und S.Predota
* Predota, S.: *Die polnisch-deutsche Interferenz im Bereich der Aussprache,* Wroclaw 1979
* Hentschel, G.: *Vokalperzeption und Natürliche Phonologie, Eine kontrastive Untersuchung zum Deutschen und Polnischen,* München 1986

Zu weiteren Sprachen
* Meiers K.: *Kontrastive Analysen zu den Muttersprachen Italienisch, Griechisch, Portugiesisch, Spanisch und Serbokroatisch.* In: Praxis Deutsch, Sonderheft 1980, S. 66–68
* Simeonova Ruska. S.: *Korrektive deutsche Phonetik für Bulgaren.* In: Deutsch als Fremdsprache 1/1978, S. 34–41
* Almeida A./da Silva J.: *Sprachvergleich Portugiesisch – Deutsch,* Düsseldorf 1977, S. 147 ff.
* Kufner, H.: *Kontrastive Phonetik Deutsch – Englisch,* Stuttgart 1971

* Nickel, G.: *Sprachliche Mißverständnisse, Strukturuntersuchungen zwischen dem Deutschen und dem Englischen.* In: Praxis des Neusprachlichen Unterrichts 13/1966
* Schneider, A. und Wambach, M.: *Das System der Fehler und die phonetische Korrektion der Französisch Sprechenden in der deutschen Sprache.* In: Révue de Phonétique Appliquée 5/1967, erschienen als Sonderdruck
* Gabka, K.: *Einführung in das Studium der russischen Sprache. Phonetik und Phonologie,* Düsseldorf 1979
* Schmidt, L. (Hrsg.): *Konfrontationen: Heft 1* Arabisch, Bulgarisch, Englisch, Russisch, Spanisch, Herder-Institut, Leipzig 1983. *Heft 2* Finnisch, Französisch, Paschtu, Polnisch, Portugiesisch, Ungarisch, Vietnamesisch, Herder-Institut, Leipzig 1985. *Heft 3* Dari, Estnisch, Khmer, Koreanisch, Laotisch, Mongolisch, Tschechisch, Herder-Institut, Leipzig 1986. *Heft 4* Amharisch, Italienisch, Norwegisch, Schwedisch, Slowakisch, Herder-Institut, Leipzig 1989. *Heft 5* Chinesisch, Griechisch, Japanisch, Suaheli, Herder-Institut, Leipzig 1990. – Heft 1–3 vergriffen.